Uwe Bork

Christentum von A–Z

Für meine Familie,
die mir mehr wert ist als alles,
was Rost und Motten
je zerfressen könnten.

Uwe Bork

Christentum von A–Z

Von der Apokalypse zu den Zehn Geboten

Butzon & Bercker

„Orientierung durch Diskurs“
Die Sachbuchsparte bei Butzon & Bercker, in der dieser Band erscheint, wird beratend begleitet von Michael Albus, Bruno Kern, Tobias Licht, Susanne Sandherr und Marc Witzenbacher

Bibliografische Information der Deutschen Nationalbibliothek

Die Deutsche Nationalbibliothek verzeichnet diese Publikation in der Deutschen Nationalbibliografie; detaillierte bibliografische Daten sind im Internet über http://dnb.d-nb.de abrufbar.

verlags gruppe engagement

Das Gesamtprogramm von Butzon & Bercker finden Sie im Internet unter www.bube.de

ISBN 978-3-7666-2549-6

Umschlagabbildungen: © Hans-Jörg Nisch – stock.adobe.com
Umschlaggestaltung: Christoph Kemkes, Geldern
Satz: SATZstudio Josef Pieper, Bedburg-Hau
Printed in Germany

Inhalt

Christentum – auch das noch!

Vorwort

Seien wir einmal ganz ehrlich: Irgendwie waren wir doch schon immer etwas skeptisch, was Religionen angeht. Wofür der Glaube an die diversen Götter in der Vergangenheit doch alles verantwortlich war! Und heute? Ganz im Vertrauen: Unsere Gegenwart ist doch schon kompliziert genug. Wozu brauchen wir da noch Religionen? Haben sich Glaubensfragen nicht längst ebenso überlebt wie die Vermutung, die Erde sei eine Scheibe?

Und mit diesem kritischen Urteil stehen wir schließlich auch alles andere als allein. Wir können uns beispielsweise auf Karl Marx berufen, der den Glauben an ein „höheres Wesen" schlicht als das „Opium des Volkes" einstufte. Auch Arthur Schopenhauer zweifelte ebenso am Sinn von Religionen wie Friedrich Nietzsche, der Gott kurzerhand für tot erklärte.

In jüngster Zeit war es dann der britische Biologe und Bestsellerautor Richard Dawkins, der in einer vielbeachteten Kampagne eine Flotte Londoner Doppeldecker mit seiner eigenen frohen Botschaft beklebte: „Es gibt wahrscheinlich keinen Gott. Jetzt höre auf, dir Sorgen zu machen, und genieße dein Leben!"

Merkwürdig ist nur: Selbst der bekennende Atheist Dawkins

wollte sich anscheinend nicht hundertprozentig festlegen. Nur „wahrscheinlich“ gebe es keinen Gott, räumte er ein, und lieferte damit freimütig eine Begründung dafür, warum es trotz aller Skepsis doch sinnvoll sein könnte, sich mit Fragen von Diesseits und Jenseits zu befassen.

Schon ein paar Blicke in unsere nähere und fernere Nachbarschaft liefern überdies weitere Argumente für die Auseinandersetzung mit dem, was Philosophen und Theologen gern das „Transzendente“ nennen, also jenen Bereich, in dem wir uns einen Schritt über unsere alltägliche Erfahrungswelt hinaus wagen.

Jede Nachrichtensendung zeigt es: Religionen prägen nach wie vor die Gesellschaften dieser Welt. Das gilt nicht nur, wenn sie irgendwo zur Staatsreligion geworden sind und den Alltag bestimmen wie etwa im Iran oder in Saudi-Arabien, das gilt ebenso auch, wenn sie sich aus der öffentlichen Wahrnehmung verabschiedet haben. Die Leerstelle, die sie mit ihrem Verschwinden hinterlassen, will nämlich wieder gefüllt werden. Fatalerweise zeigt es sich dabei jedoch immer wieder, dass die Sehnsüchte nach einem höheren Lebenssinn nur allzu oft zur Rechtfertigung für blutige Diktaturen herhalten müssen. Spätestens mit dem Terror, der die Welt derzeit immer wieder erschüttert, dürfte auch dem Letzten klargeworden sein: Religion ist alles andere als nur Privatsache.

Selbst in unseren europäischen Gesellschaften, in denen die Aufklärung doch Staat und Kirche getrennt haben sollte, prägen religiöse Symbole, Sprachbilder und Bräuche oft unseren Alltag. Nicht nur die Zählung unserer Jahre lassen wir mit der Geburt Christi beginnen, so manch einer verdient sich auch einen Judaslohn oder er verscherbelt sein Erbe für ein Linsengericht. Selbstmordattentäter sehen sich durch die Aussicht auf himmlischen Sex mit nimmermüden Jungfrauen beflügelt, ru-

higere Geister lassen sich dagegen von einer möglichen Auflösung in einem konturlosen Nirwana locken.
Es muss vor diesem Hintergrund nachdenklich stimmen, wenn in unseren nur scheinbar weltlichen Staaten das Wissen über den Glauben der Menschen immer mehr zurückgeht. In unserer multikulturellen Gegenwart gilt mehr noch als in der Vergangenheit: Es versteht die Welt nicht, wer ihre Religionen nicht versteht. Und es versteht die eigene Kultur nicht, wer sich nicht zumindest grob in dem Denken und in den Ritualen, Feiern und Festen auskennt, die unser Land seit rund zweitausend Jahren geprägt haben.
Hier soll dieses Buch ein wenig helfen. Nicht als eine in des Wortes doppelter Bedeutung erschöpfende Theologie des Christentums, wohl aber als ein kleines, nichts voraussetzendes Handbuch über diesen Glauben und damit über das, was viele Menschen auch bei uns immer noch bewegt. Es soll nicht missionieren, es soll vielmehr konkrete Fragen beantworten und damit Wegweiser werden zu einer Reise durch ein Universum, das sonst mehr und mehr unzugänglich zu werden droht. Schade wäre das.

Uwe Bork

Abel

Biblisch genau genommen war er der Vierte. Der vierte Mensch auf dieser Erde. Als jüngerer Bruder von Kain hätte der Sohn von Adam und Eva das Zeug dazu gehabt, zu den Urvätern des Menschengeschlechtes gerechnet zu werden, aber leider kam es nicht mehr dazu. Abel wurde von Kain aus Neid erschlagen, weil Gott Abels Opfergaben wohlwollend angenommen, die von Kain jedoch verschmäht hatte.
Abel, dessen Name im Hebräischen „Atem“ oder „Hauch“ bedeutet und der damit schon selbst den Hauch der Vergänglichkeit in sich trägt, hat durch seine Ermordung von der Bibel und den meisten theologischen Kommentaren eindeutig die Rolle des guten, selbst zum Opfer gewordenen Menschen zugeschrieben bekommen; Kain gilt dagegen als affektbeladener Kapitalverbrecher, der seine Gefühle nicht in den Griff bekommt. Seine Tat illustriert, wie es mit der Menschheit schon in der zweiten Generation nach der Vertreibung aus dem Paradies weiter steil abwärts geht, nachdem sich schon Adam und Eva, von der teuflischen Schlange verführt, am paradiesischen „Baum der Erkenntnis“ gegen ihren Gott und seine Gebote aufgelehnt hatten. Die Auswirkungen dieser „Ursünde“ bringen demnach nichts als Tod und Verderben.

Abendmahl

Gemeint ist mit diesem Wort auch bei Atheisten in der Regel die wahrscheinlich folgenreichste gemeinsame Mahlzeit der Weltgeschichte: das letzte Abendmahl Jesu. Er nahm diese Stärkung unmittelbar vor seiner Festnahme und seinem Kreuzestod in Jerusalem zusammen mit seinen Jüngern ein. Bei Brot und Wein stiftete er dabei eines der beiden „Sakramente" oder „Heilszeichen" bzw. „Heilsmittel", die in der evangelischen wie der katholischen Kirche gleichermaßen anerkannt sind.

Wie es bei diesem auch „Herrenmahl" genannten Ereignis zugegangen sein könnte, dafür hat Leonardo da Vinci mit seinem weltberühmten Wandgemälde vom Ende des 15. Jahrhunderts die wohl bekannteste, wenn auch nicht unbedingt historisch korrekteste Anregung geliefert.

Als ältestes biblisches Zeugnis über das Abendmahl gilt eine Stelle in einem Brief an die christliche Gemeinde im griechischen Korinth, der vom Apostel Paulus um das Jahr 55 geschrieben wurde. In ihm heißt es: „Jesus, der Herr, nahm in der Nacht, in der er ausgeliefert wurde, Brot, sprach das Dankgebet, brach das Brot und sagte: Das ist mein Leib für euch. Tut dies zu meinem Gedächtnis! Ebenso nahm er nach dem Mahl den Kelch und sagte: Dieser Kelch ist der Neue Bund in meinem Blut. Tut dies, sooft ihr daraus trinkt, zu meinem Gedächtnis! Denn sooft ihr von diesem Brot esst und aus dem Kelch trinkt, verkündet ihr den Tod des Herrn, bis er kommt." (1 Korinther 11,23–26)

In anderen Texten des Neuen Testaments wird diese Szene mit gewissen Abweichungen geschildert, sodass nicht davon ausgegangen werden kann, dass die Worte, mit denen Jesus das Abendmahl als sein Vermächtnis für die Christenheit einsetz-

te, auch wirklich wortwörtlich so gefallen sind. Als Einladung an den „Tisch des Herrn“ sind sie allerdings unumstritten.
Wer genau eingeladen ist, darüber gibt es allerdings ziemlich unterschiedliche Auffassungen. Während evangelische Christen in ihren Gottesdiensten alle Getauften und damit auch alle Katholiken zum Abendmahl einladen, ist eine solche Offenheit in den „Heilige Messe“ genannten Gottesdiensten der katholischen Kirche nicht der Fall: Die „Kommunion“ wird offiziell nur an Katholiken ausgeteilt.
Dass sich das kurzfristig ändern wird, darf bezweifelt werden. Auf den höheren Ebenen des Katholizismus werden Fortschritte in dieser Frage von Fortschritten in der Ökumene bis hin zu einer – unwahrscheinlichen – Wiedervereinigung der Kirchen abhängig gemacht.
Auf Gemeindeebene ist man da vielfach toleranter. Hier achtet man mit viel Sensibilität eher darauf, konfessionsverschiedenen Paaren und Familien gemeinsame Glaubenserfahrungen zu ermöglichen, als darauf, kirchenpolitisch das letzte Wort zu behalten.
Bliebe jetzt nur noch die Frage, ob beim Abendmahl wirklich das Fleisch und das Blut verzehrt wird. Sie lässt sich indes kurz und knapp beantworten: Katholiken wie Protestanten nehmen bei ihrer Kommunion oder ihrem Abendmahl ausschließlich eine Hostie genannte kleine Oblate oder eine Oblate zusammen mit einem Schluck Wein oder Traubensaft zu sich. Es ist allein der Glaube, der darin Jesus Christus gegenwärtig sein lässt.

Ein ziemlich prosaischer Vergleich mag hier weiterhelfen. Ein in offiziellem Auftrag bedrucktes Stück Papier bleibt in jeder chemischen Analyse immer ein Stück bedrucktes Papier. Erkennt es allerdings eine Regierung an, wird es gleichzeitig zu

einem mehr oder minder wertvollen Geldschein. Seine physische Substanz ändert sich dadurch in keiner Weise.
Auch Brot und Wein sind beim Abendmahl zweierlei zugleich. Nur, dass in diesem Fall keine Regierung etwas dekretiert hat, es ist vielmehr der persönliche Glaube, der eine doppelte Existenz möglich macht.

Ablass

Ablässe ließen sich zur Zeit der Reformation handeln wie heute Emissionsrechte zur Luftverschmutzung: Ähnlich wie die modernen Zertifikate die belastete Atmosphäre ja nicht reinigen, schafften auch die mittelalterlichen Ablässe die Sünden nicht aus der Welt. Die Kirche versprach mit ihnen den Sündern nur, ihre zeitlichen Sündenstrafen im Jenseits würden ihnen gegen eine nennenswerte Summe Bares schon im Diesseits erlassen.
Grundlage dafür war die Vorstellung eines sogenannten „Gnadenschatzes“, der von Jesus Christus und nach ihm von den kirchlichen Heiligen angesammelt wurde und weiterhin vergrößert wird. Seine Verwaltung oblag der Kirche, die gegen gute Taten oder gutes Geld mit ihm reuigen Sündern aus der himmlischen Bredouille helfen konnte.
Vor allem die bauwütigen und korrupten Kirchenfürsten in Rom dürften das für ein geniales Geschäftsmodell gehalten haben, der Reformator Martin Luther reagierte auf diese Deals mit nicht nachprüfbaren Gnaden jedoch ausgesprochen empfindlich. In seiner These 36 wetterte er gegen die katholische Kommerzialisierung göttlicher Vergebung: „Jeder wahrhaft reumütige Christ erlangt vollkommenen Erlass von Strafe und Schuld, der ihm auch ohne Ablassbriefe zukommt.“

Das Ergebnis ist bekannt: Luthers Thesen brachten 1517 die Reformation ins Rollen. Nichts war im Christentum von da ab mehr wie vorher; der Katholizismus hatte sich durch Starrsinn und Missachtung seiner eigenen Werte eine starke Konkurrenz geschaffen.
Ablasshandel wie zu Zeiten der Reformation gibt es heute nicht mehr. Die katholische Kirche verabschiedete sich im Zuge der Gegenreformation im 16. Jahrhundert endgültig von ihm. Ablässe kennt sie allerdings auch weiterhin: Voraussetzung, um von Sündenstrafen befreit zu werden, sind inzwischen ausschließlich Reue, Umkehr und bestimmte Taten oder Gebete. Auch den zu Ostern und zu Weihnachten gespendeten päpstlichen Segen „Urbi et orbi“ aufmerksam und guten Willens zu hören und zu sehen reicht schon aus, um einen Ablass zu erlangen. Eine persönliche Anwesenheit auf dem Petersplatz – so modern ist die katholische Kirche inzwischen – ist dafür nicht mehr erforderlich. Es genügt bereits die medial vermittelte Teilnahme über Radio, Fernsehen oder Internet.

Abraham

Selbst die größten Helden der Bibel haben ihre menschlichen, allzu menschlichen Seiten. Schon einer der ersten unter ihnen macht da keine Ausnahme: Die Rede ist von Abraham, den sowohl Juden als auch Christen und Muslime als ihren Stammvater betrachten. Seinetwegen werden die drei monotheistischen, d. h. die nur einen einzigen Gott kennenden Religionen Judentum, Christentum und Islam auch als abrahamitische Religionen bezeichnet.
Trotz seiner wichtigen Rolle gibt es über Abraham kaum verlässliche Daten. Exakte geschichtliche Angaben liegen über

ihn ebenso wenig vor wie über die meisten Gestalten des Alten Testaments. Dennoch gibt es Grund zu der Annahme, dass Abraham – wenn es ihn denn überhaupt als konkrete Person mit einem konkreten Lebenslauf gegeben hat – irgendwann zwischen 2000 und 1700 vor Christus gelebt hat. Seine Familie dürfte als erfolgreiche Viehzüchtersippe im chaldäischen Ur am unteren Euphrat zwar durchaus wohlhabend gewesen sein, in diesem risikoreichen Geschäft war sie aber immer vom Absturz in Not, Hunger und Elend bedroht. Wie die frühen Farmer im Westen Amerikas benötigte auch bei ihnen das Vieh auf Dauer sichere Weideflächen. Beide waren stets abhängig vom Wetter und mussten ihren Tierbestand vor ansteckenden Krankheiten ebenso schützen wie vor Viehdieben.

Juden im modernen Sinn waren Abraham und seine Verwandten noch nicht. Was ihre Religion angeht, hatte man sich in dieser Viehzüchtergesellschaft offensichtlich noch nicht vollkommen auf einen einzigen Gott festgelegt und betete stattdessen lieber gleich mehrere an. Diese religiöse Praxis lässt sich jedenfalls aus dem Alten Testament herauslesen, wo im Buch Josua sogar Gott selbst zu Wort kommt: „Vor langer Zeit wohnten eure Vorfahren auf der anderen Seite des Eufratstromes und verehrten fremde Götter. Das ging so bis zu Terach, dem Vater Abrahams und Nahors.“ (Josua 24,2)

Abraham machte offensichtlich mit diesem vielfältigen Götterhimmel Schluss. Er erkennt nur noch einen Gott an, den des Alten Testaments. Mit ihm schließt dieser Gott deshalb einen Bund und verspricht ihm trotz seines hohen Alters, ihm noch so viele Nachkommen zu schenken wie die Sterne am Himmel. Gleichzeitig macht ihm sein Gott eine Zusage, die sich in der Gegenwart als höchst konfliktträchtig erweist. Er sichert ihm

nämlich zu: „Deinen Nachkommen gebe ich dieses Land, von der Grenze Ägyptens bis an den Euphrat, das ganze Gebiet, in dem jetzt noch andere Völker wohnen." (Genesis 15,18 f)
Abraham ist vielleicht nicht unbedingt eine historische, aber doch auf jeden Fall eine biblische Person, die für Juden, Christen und Muslime gleichermaßen Bedeutung besitzt. Dennoch ist der Zugang zu ihm, seinem Leben und seinem Verhältnis zu seinem Gott keineswegs einfach. So taucht in seiner Biografie beispielsweise in aller Regel ziemlich schnell die Frage auf: Kann es denn wirklich sein, dass Gott von Abraham ein Menschenopfer verlangt, noch dazu das seines eigenen Sohnes?
Vordergründig sieht es in der Tat ganz so aus. Der Gott, der mit ihm eben noch einen Bund geschlossen und ihm unzählige Nachkommen versprochen hat, verlangt nun plötzlich von Abraham, den einzigen Sohn, den seine Frau Sara dem bereits Hundertjährigen gebar, als Brandopfer darzubringen.
Unserem Bild von einem „lieben Gott" entspricht das zwar in keiner Weise, Abraham selbst scheint die Forderung seines Gottes nach einem Menschenopfer jedoch nicht im Mindesten als Ungeheuerlichkeit zu empfinden. Von Protest oder gar Widerworten ist der Bibel nichts zu entnehmen, sie gibt nur an, dass er am Morgen, nachdem Gott mit ihm gesprochen hatte, zeitig aufstand, Holz spaltete, seinen Esel belud und sich auf den Weg zur von Gott genannten Opferstätte machte.
Abraham erschien das Opfer eines menschlichen Wesens also zumindest nicht so unvorstellbar, dass er es als unmöglich abgelehnt hätte. Und auch den frühen Lesern bzw. Hörern des Alten Testaments klang das Ansinnen eines Gottes, das in unserer Zeit jede Religionsgemeinschaft in vollem Sinne dieses Wortes „unglaubwürdig" machen würde, ebenfalls nicht bizarr und außerhalb ihrer Vorstellungskraft.
Doch, so lehrt die Bibel, Gott meinte es ja auch gar nicht so.

Zwar lässt er Abraham, seinen Sohn Isaak und zwei Diener knapp drei Tage lang durch die Wüste wandern, doch er war dennoch nach der Versicherung des Buches Genesis nie ernsthaft darauf aus, zu seinen Ehren ein menschliches Leben zu fordern. Seine Absicht war es allein, Abraham und seine Glaubenstreue auf eine unmissverständliche Probe zu stellen.
Dabei treibt es Gott mit einer aus heutiger Sicht unverständlichen psychischen Grausamkeit allerdings fast bis zum Äußersten. Isaak muss erst gefesselt auf dem Scheiterhaufen des Opferaltars liegen und seinen Vater das Messer zücken sehen, bevor er über einen seiner Engel dem barbarischen Treiben Einhalt gebietet. Statt seines Sohnes opfert Abraham nun einen Widder, der sich mit seinen Hörnern im Gestrüpp verfangen hatte.
Auslegen lässt sich diese ebenso schwer erträgliche wie schwer verständliche Geschichte durchaus als ein Gleichnis auf die Geschichte Israels. Abraham zeigt sich in ihr ohne zu zögern als Gottes gehorsamer Diener, und ebenso hat sich Isaak, der ja kein handlungsunfähiges Kleinkind mehr war und sich gegen seine Opferung durchaus hätte wehren können, anscheinend in sein von Gott verfügtes Schicksal ergeben. Beide werden wegen ihres damit bewiesenen Glaubens letztendlich errettet: der eine vor dem Tod, der andere davor, sein eigenes Kind umbringen zu müssen.
Ebenso, mag man folgern, soll auch das Volk Israel darauf vertrauen, von seinem Gott vor jedem Schaden bewahrt und durch alle Gefahren geleitet zu werden. Leider lassen es die Israeliten aber immer wieder an genau jenem Grundvertrauen auf Gott fehlen, das Abraham und Isaak bis zur eigenen Selbstaufgabe bewiesen. Das Volk Israel fällt deshalb in unschöner Regelmäßigkeit bei seinem Herrn von Neuem in Ungnade. Selbst Mose macht da keine Ausnahme: Ihm bleibt es wegen seiner Verfeh-

lungen während der Wüstenwanderung versagt, das „Gelobte Land“ persönlich betreten zu können.
Abraham steht dagegen. Zwar hat auch er seine Fehler – um seine eigene Haut zu retten, verleugnet er beispielsweise zweimal seine Ehefrau Sarai bzw. Sara –, aber dennoch erweist er sich als der große Weise: abgeklärt, gläubig, gütig und gastfreundlich. Also alles, was sich drei Religionen von ihrem „Erzvater“ nur wünschen können.

Abt

Wer es bis zum Abt – die weibliche Form lautet Äbtissin – gebracht hat, ist in der kirchlichen Hierarchie schon ziemlich weit nach oben geklettert. Er steht als Vorsteher eines Klosters auf derselben Stufe wie ein Bischof, mit dem er auch die bischöflichen Symbole wie etwa den Hirtenstab gemein hat. In der katholischen Kirche ist er direkt dem Papst unterstellt.
Der Name „Abt“ leitet sich vom aramäischen „abba“ ab, ein Wort, das für „Vater“ steht und damit darauf hindeutet, dass Äbte als eine Art Ziehväter ein Vorbild nicht zuletzt für die jungen Mönche darstellen sollen. Früher wurde ein Abt von seiner Klostergemeinschaft auf Lebenszeit gewählt, heute ist seine Amtszeit jedoch in der Regel auf sechs bis zwölf Jahre begrenzt.
Äbte gibt es nicht nur in der katholischen Kirche. Auch die Orthodoxie kennt diesen Rang ebenso wie die evangelische Kirche in ihren reformierten Klöstern. Dort lauten die Amtsbezeichnungen oft jedoch anders.

Adam

Nach biblischer Darstellung war Adam der erste Mensch auf der Erde. Das bedingt notwendigerweise, dass er – mangels Eltern – nicht geboren werden konnte, sondern von Gott höchstpersönlich erschaffen wurde. Damit beginnen dann allerdings auch schon die Schwierigkeiten, und das nicht nur für die Naturwissenschaften, die begründet daran zweifeln, dass die biblische Schöpfungsgeschichte wirklich wörtlich zu verstehen ist. Schwierigkeiten mit Adams Erstgeburtsrecht haben überhaupt alle Leserinnen und Leser der Bibel, denn leider ist deren Schöpfungsgeschichte in Bezug auf das Menschengeschlecht alles andere als eindeutig.
Überraschenderweise für eine derart wichtige Erzählung wie die Mitteilung, wie diese Welt nach jüdischem oder christlichem Verständnis denn überhaupt entstand, finden sich im Alten Testament gleich zwei Versionen der Schöpfungsgeschichte – und was die Sache nicht einfacher macht: Sie widersprechen einander auch noch in wesentlichen Teilen!
Nach der ersten Fassung, die im ersten Kapitel des Buches Genesis nachzulesen ist, ging Gott bei seiner sich über sechs Tage erstreckenden Schöpfung ausgesprochen systematisch vor. Als Grundlage schuf er zunächst einmal Himmel und Erde, dann ließ er es „Licht werden“: Er sorgte für einen regelmäßigen Wechsel von Tag und Nacht, sammelte das Wasser auf der Erde in Meeren und puzzelte das Land zu Kontinenten zusammen. Anschließend begrünte er die Welt mit den unterschiedlichsten Pflanzen, hängte für den Schmuck und die Beleuchtung der Nacht Sterne an den Himmel und erschuf Wassertiere und Vögel.
Ohne größere Ruhepause – es war mittlerweile ja schon der sechste Tag – ging es dann mit der Erschaffung der Landtiere

weiter. Auch sie erfolgte einfach dadurch, dass Gott seine Wünsche aussprach: „Die Erde soll Leben hervorbringen: alle Arten von Vieh und wilden Tieren und alles, was auf der Erde kriecht.“ (Genesis 1,24)

Vollständig besiedelt war die Erde damit aber noch nicht, etwas fehlte noch: Das Beste hatte sich Gott offensichtlich bis zum Schluss aufgehoben. Gott sprach also ein weiteres Mal einen Wunsch aus, und die Menschen waren erschaffen. In der Mehrzahl, und nicht etwa in der Einzahl! Der biblische Text ist an dieser Stelle eindeutig: „So schuf Gott die Menschen nach seinem Bild, als Gottes Ebenbild schuf er sie und schuf sie als Mann und als Frau.“ (Genesis 1,27)

Leider ist die Schöpfungsgeschichte mit dieser die Gleichheit der Geschlechter betonenden Passage aber noch nicht zu Ende. Im zweiten Kapitel des Buches Genesis berichtet vielmehr ein offenbar anderer Autor plötzlich völlig anders von der Erschaffung der Welt. In seiner Version macht sich der Schöpfer daran, einen bis dahin nicht erwähnten „Garten Eden“ anzulegen. In ihm siedelt er als Vollendung seiner Schöpfung zunächst nur einen einzelnen Menschen an, Adam. Er entsteht in dieser zweiten Fassung auch nicht allein auf göttliches Wort hin, sondern Gott wird aktiv wie ein Töpfer: „Gott, der Herr, nahm Staub von der Erde, formte daraus den Menschen und blies ihm den Lebensatem in die Nase. So wurde der Mensch ein lebendes Wesen.“ (Genesis 2,7) Die Entstehungsart des ersten Menschen wird dabei im Hebräischen auch sprachlich betont: „Adam“ und „Adama“ (Ton, Lehm oder Erde) besitzen denselben Wortstamm.

Der bodenständige Adam beginnt sich im Paradies allerdings schnell zu langweilen, und seinem Schöpfer wird klar: „Es ist nicht gut, dass der Mensch allein ist!“ (Genesis 2,18) Zuerst

versucht er es mit verschiedenen Tieren als menschlichen Gefährten, der Erfolg bleibt jedoch verständlicherweise aus.
In einem zweiten Anlauf zur Teambildung verliert Adam dann eine seiner Rippen: Aus ihr formt Gott Eva. Als Adam aus dieser ersten Operation der Weltgeschichte wieder erwacht, freut er sich nach der Schilderung der Bibel geradezu unbändig, nun endlich eine gleichwertige Gefährtin zu haben: „Endlich! Sie ist's! Eine wie ich! Sie gehört zu mir, denn von mir ist sie genommen." (Genesis 2,23)
„Eine wie ich!": Eine grundsätzliche Überlegenheit des Mannes über die Frau lässt sich auch aus der zweiten Version der Schöpfungsgeschichte also nicht ableiten. Die Bibel betont eher nochmals den gleichen Rang und die Zusammengehörigkeit von Mann und Frau: „Deshalb verlässt ein Mann Vater und Mutter, um mit seiner Frau zu leben. Die zwei sind dann eins, mit Leib und Seele." (Genesis 2,24)
Nach diesem Verständnis ergänzen die beiden einander, ohne den jeweils anderen wären sie nicht komplett.

Advent

Warten kann schwer sein, und dabei kann die Zeit auch schon einmal lang werden. Beim kirchlichen Advent, der sich – so legt es jedenfalls die lateinische Wurzel des Wortes nahe – als eine Zeit des Wartens auf die Ankunft des Herrn und Herrschers versteht, ist die Wartezeit aber wenigstens begrenzt. Im Wesentlichen versteht man unter Adventszeit in jedem Jahr die letzten vier Wochen vor dem Weihnachtsfest; Adventssonntage gibt es demnach vier. Diese Zahl wurde allerdings erst zu Beginn des 7. Jahrhunderts festgesetzt, nachdem die Adventszeit vorher auch nur drei oder bis zu sechs Wochen gedauert haben konnte.

Seine Tradition hat der christliche Advent aus dem „adventus“ römischer Kaiser entlehnt. Es war ebenfalls eine Zeit des Wartens auf einen Herrscher, mit dessen Ankunft die Hoffnung auf bessere Zeiten verbunden wurde und die häufig mit Pracht und Prunkzügen gefeiert wurde. Das Christentum übernahm diese Idee und auch die mit ihr verbundenen Hoffnungen, setzte sie aber in einen gänzlich anderen und auf die Ewigkeit und das Reich Gottes verweisenden Rahmen.
Der christliche Advent ist – allem modernen Glanz, Glitter und Kommerz zum Trotz – eigentlich eine Zeit der Stille und Einkehr. Ähnlich wie in der Fastenzeit durfte auch in der Adventszeit ursprünglich nicht getanzt oder mit großem Aufwand gefeiert werden.
Als Symbol für die Adventszeit hat sich seit dem 19. Jahrhundert der Adventskranz mit seinen vier Kerzen eingebürgert, die im Wochenabstand entzündet werden. Seine Kreisform soll nach einigen Deutungen auf den zu erlösenden Erdkreis hindeuten, die zunehmende Zahl der angezündeten Kerzen die Hoffnung auf ein zurückweichendes Dunkel ausdrücken, das durch die Geburt Jesu am 25. Dezember endgültig besiegt wird.

Altar

Wer eine Kirche durch das Hauptportal betritt, dessen Blick wird fast automatisch auf den Altar gelenkt. Für Christen ist dieser an zentraler Stelle jedes katholischen oder evangelischen Gotteshauses aufgestellte Opfertisch weit mehr als nur ein einfaches Möbelstück, an dem ihre Liturgie gefeiert wird: Der Hauptaltar einer Kirche symbolisiert für sie den „Tisch des Herrn“. In seiner Bedeutung geht er zurück auf jene ganz normalen Tische, an denen die ersten Generationen von Christen miteinander ihr Brot brachen und ihren Wein teilten. Sie erfüllten damit das, was ihnen ihr Herr Jesus Christus aufgetragen hatte: zu seinem Gedenken gemeinsam ein Abendmahl zu feiern.

Beim einfachen Holztisch blieb es natürlich nicht lange. Obwohl es ihn in vielen Missionskirchen, in vielen materiell armen Gemeinden oder auch aus bewusst künstlerischer Entscheidung immer noch gibt, entwickelte sich der Altar namentlich in den Kirchen Europas im Laufe der Jahrhunderte zu einem häufig tonnenschweren Kunstwerk aus Sandstein oder Marmor, das zudem noch von einem ebenso eindrucksvollen Altarbild gekrönt wurde. Für die angesehensten Maler, Bildhauer und Holzschnitzer ihrer Zeit war es eine Ehre, an zentraler Stelle einer Kirche zum Lobe Gottes weithin sichtbare Proben ihrer Kunst zu hinterlassen, die im Idealfall überdies meist gut bezahlt wurden.

Der Altar, der für lange Zeit frei im Raum gestanden hatte, wurde durch eine solch aufwändige Gestaltung zum sogenannten Hochaltar und rückte – wenn er nicht wie im Petersdom im Mittelpunkt eines Gotteshauses seinen Platz fand – immer mehr in Richtung Apsis, d. h. auf die meist halbrunde, den Altarraum abschließende Wand.

An einem derartigen zum Kunstwerk gewordenen Altar konnte der Geistliche nun allerdings kaum mehr anders, als mit dem Rücken zur Gemeinde zu agieren. Fast, als wollte man die Gläubigen in den Kirchenbänken hinwegtrösten über eine für sie ziemlich unbefriedigende Lösung, die sie von aktiv Mitfeiernden einer Liturgie zu bloßen Beobachtern macht, nennt man diese Position „versus Deum“.

Theologisch dürfte diese Bezeichnung, die so viel bedeutet wie „Gott zugewandt“ etwas schwierig zu erklären sein, denn Gott

lässt sich nach christlichem Verständnis schließlich überall finden.
Mit dem Zweiten Vatikanischen Konzil in der ersten Hälfte der 1960er-Jahre fand für katholische Christen in ihren Kirchen jedoch ein großes Möbelrücken statt: Gleichzeitig mit der Ablösung des Lateins in der Messe durch die jeweilige Landessprache wurde ein zweiter, schlichterer Altar vor den Hochaltar in den Chor gestellt, an dem der Priester nun „versus populum", also mit Blickrichtung auf die Gemeinde, die Messen zelebrieren konnte. Um den Altar bildete sich wie um die Tische in den urchristlichen Gemeinden wieder ein mehr oder weniger geschlossener Kreis.
Gut so, freuten sich zumindest die progressiven Katholiken. Auch sie mussten jedoch einräumen, dass die Protestanten um ein paar Jahrhunderte schneller gewesen waren. Für sie galt es seit je als wichtig, die Gemeinschaft aller Gläubigen zu betonen und Gott in deren Mitte zu holen. Ihn sich ausschließlich vor, bzw. an der Spitze einer Gemeinde vorzustellen war für sie eher abwegig.
Je nach christlicher Konfession, d. h. Glaubensrichtung oder Kirche, können Altäre ganz unterschiedlich aussehen, und es kann ihnen auch ein ganz unterschiedlicher Wert beigemessen werden. Im Extremfall, etwa bei den sogenannten „Reformierten Kirchen", wird überhaupt kein fester und prunkvoller Altar benötigt. Für die Feier des Abendmahls genügt diesen Christen ein einfacher Tisch, da nach ihrem Verständnis bei einem Gottesdienst keine bis ins Detail festgelegte Liturgie im Vordergrund stehen sollte; für sie ist vielmehr die Verkündigung des Wortes Gottes am wichtigsten.
In der Regel liegt in evangelischen Kirchen auf jedem Altar eine aufgeschlagene Bibel. Ein Kruzifix, d. h. eine plastische Darstellung des gekreuzigten Jesus, sowie Kerzen auf der rech-

ten und linken Seite gehören meist ebenso zu seiner Grundausstattung.
Katholiken reicht ein solches Minimum nicht aus. Jeder Altar, an dem sie die Eucharistie feiern und an dem Brot und Wein in Jesu Christi Leib und Blut verwandelt werden soll, muss auch eine Reliquie enthalten. Darunter versteht man entweder anerkannte Überbleibsel vom Körper eines oder einer Heiligen oder wenigstens Gegenstände, mit denen er oder sie irgendwie in Kontakt gekommen war und die dadurch zu sogenannten „Berührungsreliquien“ geworden sind (s. weiter unten, S. 202). Diese Reliquien, die für Katholiken symbolisch die Traditionen ihrer Kirche und eine besondere Nähe zu Gott ausdrücken sollen, werden bei der Altarweihe in einem besonderen Fach des Altars, dem sogenannten „Sepulcrum“ oder Grab, eingeschlossen.

Auf dem Altar oder in seiner unmittelbaren Nähe befindet sich in katholischen Kirchen außerdem der Tabernakel (vom lateinischen „tabernaculum“, die Hütte, das Zelt), eine Art künstlerisch gestalteter und während der meisten Zeit fest verschlossen gehaltener Safe. In ihm werden die bereits „konsekrierten“ Hostien aufbewahrt. Sie verdienen besondere Achtung und besonderen Schutz, denn bei ihnen handelt es sich nach katholischem Glaubensverständnis um den realen Leib Christi.
Dieser Achtung entspricht es außerdem, dass neben dem Tabernakel die Flamme eines rot leuchtenden „Ewigen Lichtes“ die Anwesenheit Gottes in dieser Kirche anzeigt. Dieser Brauch, den es ebenso auch in Synagogen gibt, geht auf das Buch Levitikus zurück, wo Gott Mose die Anweisung gibt: „Befiehl den Leuten von Israel, dir reines Olivenöl zu bringen, damit jede Nacht im Heiligtum Lichter brennen.“ (Levitikus 24,2)
Das „Ewige Licht“ brennt in katholischen Kirchen tatsächlich

ewig: mit einer Ausnahme. Am Karfreitag, dem Todestag Jesu, wird es gelöscht und erst in der Osternacht, dem Zeitpunkt seiner Auferstehung, wieder entzündet.

Altes Testament

Im sogenannten „Alten Testament“ geht es keinesfalls um eine inzwischen durch das „Neue Testament“ überholte Erbschaft welcher Art auch immer. Zum einen hat das Neue Testament das alte weder erneuert noch gar ersetzt, sondern es erzählt die Bibel weiter und ergänzt sie für Christen durch eine neue Heilsgeschichte. Zum anderen geht es bei beiden Testamenten auch nicht im Mindesten um ein materielles Erbe, das Gott den Menschen versprochen hat. Was er ihnen in der „Heiligen Schrift“, wie die Bibel auch genannt wird, hinterlassen hat, sind allein Worte. Nach dem Verständnis gläubiger Juden und Christen sind es allerdings „seine“ Worte und deshalb nach ihrer Meinung wertvoller als alles, was ihnen die Erde zu bieten hat.
Zu denken ist bei dem Begriff „Testament“ am ehesten an eine Bedeutung, die, ähnlich wie es der Begriff „testieren“ nahelegt, in Richtung eines endgültigen Zeugnisses geht, das vom Verhältnis zwischen Gott und den Menschen oder von seinem „Bund“ mit ihnen berichtet. Das „Alte Testament“ bezeugte dann den „Alten Bund“, wie ihn Gott mit seinem Volk Israel am Berg Sinai schloss, der „Neue Bund“, über den in der Folge das „Neue Testament“ berichtet, wurde besiegelt, als Gottes Sohn Mensch wurde, am Kreuz starb, am dritten Tag aber wieder von den Toten auferstand.
Dieses Geschehen lesen Christen an vielen Stellen schon aus dem Alten Testament heraus. Beim Propheten Jesaja wird bei-

spielsweise das Kommen eines Messias, d. h. eines Erlösers der Menschheit, angekündigt. Auf ihn warten die Juden nach wie vor, für die Christen ist dies in der Person Jesu inzwischen Wirklichkeit geworden.

Das Juden wie Christen gemeinsame Alte Testament besteht trotz seines Namens keineswegs nur aus einem einzigen Buch. Nach verbreiteter Zählweise sind in ihm vielmehr neununddreißig einzelne Bücher enthalten (dazu Genaueres weiter unten, „Bibel“, S. 56), und es macht wegen dieser Fülle ungefähr den vierfachen Umfang des weit dünneren Neuen Testaments aus.

Der hauptsächlich auf Hebräisch und in kleineren Teilen auch auf Aramäisch, der zur Zeit Jesu wichtigsten Sprache im Nahen Osten, geschriebene Text wird meist in drei Teile gegliedert. Am bekanntesten von ihnen dürften die fünf Bücher Mose sein, die auch als Tora (hebräisch: Gesetz, Lehre) beziehungsweise Pentateuch bezeichnet werden, ein Wort, das sich aus dem griechischen Ausdruck für „fünf Bücher“ ableitet.

AT

Den zweiten Hauptteil des kurz auch „AT'“ genannten Alten Testaments machen die sogenannten „prophetischen Schriften“ aus, zu denen etwa die Bücher der „großen Propheten“ Jesaja, Jeremia und Ezechiel gerechnet werden.

Vervollständigt werden diese beiden Abschnitte durch eine Reihe von weiteren Schriften mit höchst unterschiedlichen Inhalten. Zu ihnen gehören beispielsweise die Texte der „kleinen Propheten“ wie Hosea, Joël, Jona oder Habakuk. Zu finden sind im AT aber auch die Psalmen, eine Sammlung von einhundertfünfzig Hymnen, Klageliedern und Bittgesängen, sowie zeitlos gültige Lebensweisheiten, wie sie sich im durchaus passend so genannten „Buch der Sprüche“ finden, und nicht zu vergessen das „Hohelied“ Salomos, ein auch nach modernen Maßstäben

sehr erotischer Text, in dem das wechselseitige Begehren eines Mannes und einer Frau zum Ausdruck kommt. Lesbar, wenn es denn etwas zurückhaltender sein soll, ist dieser Text allerdings auch als allegorische Beschreibung des Verhältnisses von Gott zum seinem Volk Israel oder vom Bräutigam Christus zu seiner Braut, der Kirche.
Schriftlich niedergelegt wurden die ältesten Teile des Alten Testaments vermutlich im 12. Jahrhundert vor jener weltweiten Zeitenwende, als die die Christen mit dem ein wenig überheblichen Bewusstsein der Einzigartigkeit ihrer Religion die Geburt ihres Heilands Jesus Christus betrachten. Die mündlichen Überlieferungen, auf die diese Texte zurückgehen, sind teilweise jedoch wesentlich älter und gehen bis weit in das zweite Jahrtausend vor unserer Zeitrechnung zurück.

Amen

Neben einem jubelnd-schmetternden „Halleluja“ ist „Amen“ wohl dasjenige Wort im christlichen Sprachgebrauch, das in den meisten Sprachen verwendet und verstanden wird. Es stammt ursprünglich aus dem Hebräischen und ist eine Bekräftigung mit der Bedeutung, dass man sich einer Sache sicher sei und sie herbeiwünscht: „So ist es!“ oder „So sei es!“
Konfessions- und sprachübergreifend ist „Amen“ in den christlichen Kirchen damit der optimistische Schlusspunkt eigener oder von einem Geistlichen bzw. einer Gemeinde gesprochener Gebete.
Im Alten Testament wird es – vorangestellt – auch als Verstärkung eines Wunsches verwendet, wenn etwa der Prophet Jeremia spricht: „Amen! Ich wünschte, der Herr würde es tun!“ (Jeremia 28,6). Und ganz gefährlich kann das harmlose

„Amen“ in Situationen werden, in denen es einen Fluch bestätigt. Im Buch Deuteronomium, das unter anderem auch eine Zweitfassung der Zehn Gebote enthält, heißt es beispielsweise als erste einer ganzen Reihe von Verwünschungsformeln: „‚Fluch über jeden, der sich aus Holz oder Metall ein Gottesbild anfertigen lässt, ein Werk von Menschenhand, das dem Herrn zuwider ist, und es heimlich aufstellt.‘ Und das ganze Volk sagt: ‚Amen!‘ (So sei es!)“ (Deuteronomium 27,15)

Apokalypse

Vor allem das Kino ist daran schuld, dass viele Menschen sich heute unter einer Apokalypse nichts anderes mehr vorstellen können als einen Weltuntergang und die möglichst dramatische Geschichte dazu. Dieses Verständnis ist jedoch zumindest zu eng. Ursprünglich bedeutet das aus dem Griechischen stammende Wort nämlich einfach „Enthüllung“ oder „Offenbarung“.

Im Laufe der Zeit richteten sich die enthüllten oder offenbarten Dinge dann allerdings doch mehr und mehr darauf, mit ihnen einen Blick auf die irgendwann einmal unausweichlich kommende Endzeit zu werfen und ihr dadurch von ihrem Schrecken zu nehmen. Die wohl berühmteste derartige Apokalypse dieser Art ist die (Geheime) „Offenbarung des Johannes“, die als letztes Buch des Neuen Testaments der Bibel einen wuchtigen Schlusspunkt gibt.

Apokalypsen gab es jedoch bereits früher, und sie wurden auch noch lange nach Johannes verfasst, bei dem es sich übrigens nicht um den gleichnamigen Evangelisten handelt. Schon bei den Propheten Jesaja oder Daniel finden sich beispielsweise im Alten Testament apokalyptische Elemente, andererseits dachten und schrieben auch viele Theologen und Philosophen des Mittelalters noch in diese Richtung.

Gemeinsam ist den Verfassern der meisten Apokalypsen, dass sie den Gang der Weltgeschichte auf einen dramatischen Entscheidungskampf zwischen den Mächten des Guten und des Bösen hinauslaufen lassen, in dem – zur Beruhigung und zum Trost der verunsicherten Leser und Hörer – Gott die Kräfte der Finsternis schließlich und endlich besiegt. Zur Kräftigung ihrer Autorität geben die Autoren dabei meist an, zu ihren Ausführungen durch Träume, Visionen oder Einflüsterungen veranlasst worden zu sein. Manchmal beziehen sie sich sogar auf eigene Reisen oder Entrückungen in das Jenseits höchstselbst.

Obwohl den Kräften des Guten – und damit gerade auch den irdischen Gerechten als den eigentlichen Adressaten der Apokalypsen – viel Leid für das Auf und Ab der folgenschweren Schlachten vorhergesagt wird und sie in diesen Kämpfen auch Ungeheuer von wahrhaft kosmischen Ausmaßen zu besiegen haben werden, sind die teilweise äußerst packenden und aufwühlenden Texte dennoch hauptsächlich als eine spirituelle Ermutigung der Gläubigen gedacht. In Zeiten der Verfolgung und der Krise, wie sie etwa die frühen Christen im Römischen Reich erleben mussten, sollen diese dramatischen Berichte das Augenmerk darauf richten, dass der endgültige Sieg am Ende aller Tage ohne jeden Zweifel bei Gott liegen wird. Für seine Gegner aber, so mächtig sie zu manchen Zeiten und auf manche Betrachter auch gewirkt haben mögen, wird nichts anderes mehr bleiben als die Vernichtung und das ewige Verderben.

Heute immer noch und besonders bemerkenswert an der Offenbarung des Johannes ist, dass sie mit der ganzen Gewaltigkeit ihres Szenarios, mit ihren über jedes menschliche Maß hi-

nausgehenden Schlachten zwischen Gut und Böse und mit ihrem Setzen absoluter Werte einen Punkt betont, der in der freundlichen Kuschel- und Wohlfühltheologie unserer Tage leicht verloren zu gehen scheint: Es ist das sogenannte „Numinose“, die Unvorstellbarkeit Gottes.
Der Gott der Bibel ist eben nicht nur der „liebe Gott“ der kindlichen Abendgebete und der bittend herausgepressten Stoßseufzer. Der Gott der Bibel ist mindestens genauso auch „Gott, der Herr“, der in seiner alle irdischen Beschränkungen sprengenden Grenzenlosigkeit Angst machen kann und Achtung verlangt.

Apostel

Die Apostel waren so etwas wie der innere Managementzirkel Jesu: von ihm persönlich ausgewählt und für besondere Aufgaben vorgesehen. Markus schreibt dazu in seinem Evangelium: „Er bestimmte zwölf, die er Apostel nannte. Sie sollten ständig bei ihm sein, und er wollte sie aussenden, damit sie seine Botschaft verkündeten.“ (Markus 3,14) Diese Tätigkeitsbeschreibung legt auch ihr Name nahe, denn das Wort „Apostel“ stammt als „Apostolos“ aus dem Altgriechischen, wo es so viel wie „Gesandter“ oder „Sendbote“ bedeutet.
Wer zum inneren Kreis der Vertrauten Jesu gehörte, ist leider nicht mit absoluter Sicherheit überliefert; die biblischen Namenslisten unterscheiden sich in Einzelheiten. Dass es zwölf Männer waren, die Jesus zu Aposteln berief, kann jedoch als ziemlich sicher gelten, zumal auch die Zahl Zwölf beispielsweise wegen der zwölf Stämme Israels eine ganz besondere Bedeutung hatte.
Eine gewisse Aufweichung des Apostelbegriffs ergab sich nach

dem Tod und der Auferstehung Jesu durch die Bedürfnisse der nun wachsenden Kirche. Dass es zwölf Apostel sein mussten, verlor ebenso an Bedeutung wie die Bedingung, Apostel könne nur sein, wer Jesus persönlich gekannt hatte und seinem Wirken gefolgt war. Das traf schon auf Paulus nicht mehr zu, der sich selbst „Apostel der nichtjüdischen Völker" oder nach anderer Übersetzung „Apostel der Heiden" (Römer 11,13) nannte.
Augenscheinlich war es irgendwann auch nicht mehr Bedingung, zum männlichen Geschlecht zu gehören, um unter die Apostel gerechnet zu werden. In seinem Brief an die Römer lässt Paulus beispielsweise ganz besondere Grüße ausrichten: „Grüßt Andronikus und Junia, meine jüdischen Landsleute, die mit mir gefangen waren. Sie nehmen unter den Aposteln einen hervorragenden Platz ein und sind schon vor mir Christen geworden." (Römer 16,7)
Zwar ist nach wie vor nicht ganz unstrittig, ob es sich bei der genannten „Junia" nicht vielleicht doch um einen „Junias" handeln könnte, diese konservative Position verliert jedoch nach und nach an Boden. Der Männername „Junias" ließ sich bisher nicht in der Literatur nachweisen, überdies hatten offensichtlich selbst die Kirchenväter der ersten Jahrhunderte nichts gegen die Vorstellung einer Apostolin. Der begabte Prediger und Erzbischof von Konstantinopel Johannes Chrysostomos (344–407) lobt sie beispielsweise als Frau von besonderer Weisheit.
Vielleicht war ja die frühe Kirche mehr auf eine Gleichberechtigung der Geschlechter eingestellt als bisher angenommen. Und als von späteren Entwicklungen vielfach aufgegriffen.

Arche

Die Arche des offensichtlich seefesten Noach ist nach dem Alten Testament ein riesiges Holzschiff, das der damals sechshundertjährige Mann auf Geheiß seines Gottes baute, um mit seiner Familie und hunderten von Tieren an Bord die für alle anderen tödliche Sintflut zu überstehen. Sie ließ Gott über die Erde kommen, weil er an seiner eigenen Schöpfung zu verzweifeln begonnen hatte. Die Bibel gibt seiner Frustration deutlichen Ausdruck: „Der Herr sah, dass die Menschen auf der Erde völlig verdorben waren. Alles, was aus ihrem Herzen kam, ihr ganzes Denken und Planen, war durch und durch böse. Das tat Gott weh, und er bereute, dass er sie erschaffen hatte." (Genesis 6,5 f)
Für eine sanfte Umerziehung des Menschengeschlechtes war es ihm offensichtlich zu spät, und so griff er einmal mehr direkt, schnell und entschieden in den Gang der irdischen Geschichte ein: „Ich will die Menschen wieder von der Erde ausrotten – und nicht nur die Menschen, sondern auch die Tiere auf der Erde, von den größten bis zu den kleinsten, und auch die Vögel in der Luft. Es wäre besser gewesen, wenn ich sie gar nicht erst erschaffen hätte." (Genesis 6,7)
Allein Noach, den er für einen gerechten Mann von untadeligem Lebenswandel hielt, sollte mit seiner Familie und einem gewissen tierischen Gen-Pool vom allgemeinen Sterben ausgenommen sein und damit gewissermaßen zu einem zweiten Stammvater des Menschengeschlechtes werden.
Die Arche selbst, ein gewaltiger Kahn von rund 160 Metern Länge, 26 Metern Breite und samt seiner Aufbauten einer Höhe von 16 Metern, wird zwar von einer überwältigenden Mehrheit moderner Theologen und Naturwissenschaftler für ein in jeder Beziehung sagenhaftes Schiff gehalten, bibeltreue Christen zweifeln jedoch nicht an seiner Existenz. Eine „Studiengemein-

schaft Wort und Wissen“ hat beispielsweise berechnet, dass auf der Arche nach göttlichem Gebot nur knapp 11.000 Tiere unterzubringen waren: Die Arche mit ihrem Ladevolumen von rund 40.000 Kubikmetern – was ungefähr 550 Güterwagen der Deutschen Bahn entspricht – wäre damit noch nicht einmal ganz gefüllt gewesen.
Rein rechnerisch muss also niemand unbedingt an der Existenz der Arche Noach zweifeln. Um sie auch naturwissenschaftlich für wahrscheinlich zu halten, muss man allerdings schon sogenannter „Kreationist“ und damit von der Erschaffung der Welt binnen Wochenfrist überzeugt sein. Dann darf man auch getrost davon ausgehen, dass auch Dinosaurier mit an Bord waren: Schließlich wurden sie am selben Tag erschaffen wie die Menschen …

Aschermittwoch

Zumindest für Karnevalisten hat mit dem Aschermittwoch alle Fröhlichkeit ein Ende. Mit ihm beginnt in den westlichen christlichen Kirchen die vierzigtägige Fastenzeit, die zu Ostern endet. In den orthodoxen Kirchen des Ostens ist der Aschermittwoch als eigenständiges Fest unbekannt, da der Beginn der Fastenzeit hier mit dem jeweiligen Wochenbeginn zusammenfällt.
Der Termin des Aschermittwochs variiert von Jahr zu Jahr, denn er richtet sich nach dem Osterfest, für das es ebenfalls kein festes Datum gibt. Wann es in jedem Jahr gefeiert wird, ergibt sich aus dem ersten Vollmond nach der Tag-und-Nacht-Gleiche des Frühlingsbeginns. Für den Aschermittwoch bedeutet das, dass er zwischen dem 4. Februar und dem 10. März liegen kann.
Seinen Namen erhielt der Aschermittwoch von dem katholi-

schen Brauch, den zum Gottesdienst erschienenen Gläubigen ein Kreuz aus Asche auf die Stirn oder in die Haare zu zeichnen. Der Priester spricht dabei die Worte: „Gedenke, oh Mensch, dass du aus Staub bist und zum Staub zurückkehrst." Die evangelische Kirche kennt dieses Ritual nicht, auch die Protestanten kennen jedoch spezielle Bußgottesdienste, die an diesem Tag abgehalten werden.
Asche ist seit alters her ein Symbol der Vergänglichkeit. Ihre Verwendung im Gottesdienst macht daher den Aschermittwoch zu einem besonderen Tag der Buße, der Reue und der Umkehr. Nach den ausgelassenen Tagen von Fasching und Karneval sollen die Menschen in der Fastenzeit wieder zu sich und zu Gott finden und die Verfehlungen ihres mehr oder minder sündhaften Lebens bereuen.
Das Fasten, das der Zeit ihren Namen gab und das namentlich im Mittelalter eine strenge Pflicht war, bietet dafür nur einen von mehreren möglichen Wegen. Ohnehin soll es die Christen vor allem daran erinnern, irdische Genüsse nicht absolut zu setzen und sich darauf zu besinnen, mit den Gütern der Erde – im kirchlichen Sprachgebrauch: der Schöpfung – sparsam und verantwortungsbewusst umzugehen.
In dieser Tradition steht auch die evangelische Aktion „Sieben Wochen Ohne", die 1983 von deutschen Journalisten und Theologen als Nachwirkung einer feucht-fröhlichen Kneipenrunde gestartet wurde. An ihr beteiligen sich mittlerweile jährlich mehr als zwei Millionen Menschen, die sich jeweils ein besonderes gemeinsames Ziel setzen. Sie verzichten freiwillig auf Genussmittel wie Nikotin, Alkohol oder Süßigkeiten, lassen den Fernseher kalt und das Auto in der Garage und nehmen sich etwa vor, ehrlicher oder geduldiger zu sein oder auch mehr Zeit für den Kontakt mit Freunden oder die Kommunikation in der Familie zu reservieren.

Besonderen Grund zur Reue hätte nach alten christlichen Überlieferungen am Aschermittwoch der Teufel: Legenden sehen den Aschermittwoch als den Tag an, an dem die rebellischen Engel wegen ihrer Auflehnung gegen Gott aus dem Himmel gestürzt wurden. Fortan hatten sie ihr Leben in der Hölle zu fristen.

Auferstehung

Der Tod ihres Stifters, mit dem auch noch das Urteil in einem Strafverfahren vollstreckt wird, bietet wohl für jede Religion den denkbar ungünstigsten Ausgangspunkt, um für sich zu missionieren. Umso erstaunlicher, dass dem Christentum genau dies gelang und immer noch gelingt.

Der Zimmermannssohn Jesus von Nazaret, trotz seiner einfachen irdischen Herkunft für seine Anhängerinnen und Anhänger nichts weniger als der Sohn Gottes, wird nach grausamen Foltern zwischen zwei Schwerverbrechern vor einem der Pessachfeste irgendwann um das Jahr 30 herum am Kreuz hingerichtet.

Sein Tod in Jerusalem bedeutet für Christen allerdings keineswegs das Ende seiner Geschichte. Sein Sterben setzt für Christen keinen Schlusspunkt, sondern es bezeichnet vielmehr einen neuen Anfang. Drei Tage, nachdem er unter kaum erträglichen Schmerzen am Kreuz sein irdisches Leben ausgehaucht hat, weilt Jesus nämlich wieder unter den Lebenden. Er steht von den Toten auf, und erst diese Auferstehung macht seine Geschichte überhaupt erzählenswert, denn durch sie vollzieht sich nach christlichem Verständnis die Erlösung des Menschengeschlechtes.

Nachdem er vom Kreuz abgenommen und in einem Felsengrab beigesetzt wurde, entschwindet Jesus für drei Tage aus den Augen seiner Anhänger. Nach dem christlichen Glaubensbekenntnis steigt er in dieser Zeit in das düstere Reich des Todes hinab. An diesem freudlosen und „Scheol“ genannten Aufenthaltsort müssen nach jüdischem Verständnis alle Menschen ihr nachirdisches Dasein führen. Ob sie vorher nach göttlichen Maßstäben ein gutes oder schlechtes Leben geführt haben, ist dabei gleichgültig.

Jesus bleibt jedoch nicht an diesem düsteren Ort, der zwar in vielem an eine Hölle erinnert, aber doch nicht mit ihr verwechselt werden darf. In dem Augenblick, in dem eigentlich alles zu Ende sein müsste, beginnt er gerade mit seinem Tod eine neue Existenz. Sie findet ihr Zeichen in seiner Auferstehung oder Auferweckung, für Christen ein Symbol dafür, dass ihr Gott auch für sie ein ewiges Leben in seiner Nähe vorgesehen hat.

Wie die Auferstehung Christi, die nach den Schilderungen der Evangelien sein Grab leer zurückbleiben lässt, allerdings genau ausgesehen haben könnte, darüber sind sich die christlichen Theologen nicht einig. Da die Evangelisten bei ihr unglücklicherweise nicht selbst zugegen waren, gibt es ausgerechnet für jenes Geschehen keine verbindliche Darstellung, das für das Christentum im Zentrum des Glaubens steht.

Viele bildliche Darstellungen quer durch alle Jahrhunderte legen den Gedanken nahe, dass Jesus Christus bei seiner Auferstehung in höchster Herrlichkeit, umgeben von einem Strahlenkranz und angezogen mit einem vornehmlich roten, weißen oder wenigstens hellen Gewand seinem Grab entstiegen ist. Auf der anderen Seite der Darstellungen steht die kaum noch mit christlichem Verständnis zur Deckung zu bringende Meinung, die Auferstehung Jesu habe sich allein im Geist und Verstand seiner gläubigen Zeitgenossen abgespielt. Das Grab war nach dieser theologischen Minderheitsmeinung deswegen niemals leer.

Einer experimentellen Nachweisbarkeit ist die Auferstehung Christi ebenso wenig zugänglich wie einer historischen oder naturwissenschaftlichen Rekonstruktion. Sie ist und bleibt eine Frage des Glaubens. Auf dieser Ebene lässt sich allerdings sagen, dass Jesu Tod und Auferstehung ihn – wie beispielsweise die Ereignisse des neutestamentlichen Pfingstfestes zeigen – für alle Menschen als Sohn Gottes und Messias sichtbar machen sollte, d. h. er sollte als der ewiges Heil bringende Weltherrscher offenkundig werden.
Wie auch immer seine Auferstehung nun aber konkret ausgesehen mag, für Christen bedeutet dieses von Menschen nicht zu erklärende Geschehen in jedem Fall, dass Jesus den Tod und die Mächte der Finsternis ein für alle Mal besiegt hat. Mit diesem Sieg befreite er nach dem Willen seines himmlischen Vaters die Menschen von der Macht der Sünde und eröffnete ihnen damit die Möglichkeit, wie vor dem selbstüberschätzenden Scheitern Adams und Evas im Paradies erneut in Einklang mit Gott zu leben.
Diese Erlösung bedeutet freilich nicht, dass Christen sorglos und von allen alltäglichen Problemen dieser Welt befreit leben könnten. Selbstverständlich stehen auch Christen in der Gefahr, nach irdischen Maßstäben in ihrem Leben Schiffbruch zu erleiden, sie sind gegen Not und Leid ebenso wenig gefeit wie jeder andere. Erlöst sind sie nur in dem Sinn, dass sie am Ende aller Tage nicht in ein absolutes Nichts stürzen und das Ende ihrer Tage für sie nicht gleichbedeutend ist mit dem Ende ihrer Existenz. Sie glauben daran und vertrauen darauf, dass ihre Seele nach ihrem Tod in ein ewiges Leben in der Nähe Gottes eingeht und sie in diesem Sinne ebenso auferstehen werden wie Jesus Christus. Dessen glanzvolle Auferstehung und die sich daraus ableitende Erlösung der Menschen stehen im Mittelpunkt christlicher Theologie. Ohne sie wäre das Christentum nicht denkbar.

Babylon

Das antike Babylon, etwa 90 Kilometer vom heutigen Bagdad am Fluss Euphrat gelegen, war eine mächtige Stadt. Sie beherrschte einst weite Teile Mesopotamiens, des sogenannten „Zweistromlandes“, ihre beste Zeit währte fast zweitausend Jahre und endete erst um 100 nach Christus. Namentlich die mathematischen Kenntnisse der Babylonier waren weit fortgeschritten; sie pflegten die Algebra ebenso wie sie quadratische oder kubische Gleichungen berechnen konnten. Die geometrische Formel $a^2 + b^2 = c^2$ war ihnen zudem schon längst ein Begriff, bevor ein gewisser Pythagoras später damit weltbekannt werden sollte.
Trotz dieser unbezweifelbaren wissenschaftlichen Leistungen und trotz ebenso unübersehbarer kultureller Verdienste ist der Ruf Babylons in der Bibel nicht der allerbeste. Gründe für dieses schlechte Abschneiden „Babels“ – so der hebräische Name der Metropole – im biblischen Ranking von Stämmen und Städten gibt es allerdings in der Tat einige.
Wer wie der babylonische König Nebukadnezzar im Jahr 587 v. Chr. das jüdische Jerusalem besetzt, den Tempel der Juden plündert und zerstört sowie im Weiteren nach biblischen Quellen auch noch mehr als 4600 Juden vornehmlich aus der Oberschicht zwangsweise nach Babylon umsiedelt, der darf sich nicht wundern, wenn er bei den Chronisten der Bibel nicht übermäßig geschätzt wird. Wer diese Aktion dann noch ein-

mal wiederholt und weitere Menschen „an die Flüsse Babylons“ verschleppt, dürfte endgültig seine Chancen auf Wertschätzung verspielt haben.
Doch selbst unabhängig von diesen Feldzügen und von der babylonischen Gefangenschaft bzw. dem „babylonischen Exil“ der Juden findet sich Babylon in der Darstellung der Bibel meist auf der Achse der Bösen. Das fängt schon im Buch Genesis an, wo die Bewohner der Stadt Babel beginnen, einen gewaltigen Turm zu errichten, um sich als Volk einen Namen zu machen und nicht über die ganze Erde verstreut zu werden.
Dieses Vorhaben führt zu einer überraschenden himmlischen Reaktion: „Da kam der Herr vom Himmel herab, um die Stadt und den Turm anzusehen, die sie bauten.“ (Genesis 11,5) Als Ergebnis dieser Besichtigungstour entstanden bei Gott schwerwiegende Befürchtungen: „Wohin wird das noch führen? Sie sind ein einziges Volk und sprechen alle dieselbe Sprache. Wenn sie diesen Bau vollenden, wird ihnen nichts mehr unmöglich sein. Sie werden alles ausführen, was ihnen in den Sinn kommt.“ (Genesis 11,6)
Um eine mögliche Konkurrenz für sein eigenes Wirken zu verhindern, bringt Gott folglich die ehrgeizigen babylonischen Bauherren dadurch zu Fall, dass er sie nur noch in unterschiedlichen Sprachen sprechen lässt und sie außerdem über die ganze Erde zerstreut: eine Strafmaßnahme, die sich als so nachhaltig erweisen sollte, dass sie heute noch Auswirkungen zeigt.
Im Neuen Testament, im 17. und 18. Kapitel der Offenbarung des Johannes, sieht es dann vollends schlecht aus mit Babylon. Als „Hure Babylon“ wird es zum Sinnbild der Gegner des Christentums, die letztendlich jedoch sämtlich zum Untergang verurteilt sind. Verfolgte Mitglieder urchristlicher Gemeinden dürften die apokalyptische Beschreibung des verkommenen

Babels damals auf das römische Weltreich übertragen haben. Martin Luther verstand darunter später ebenso wie die Reformatoren Calvin und Zwingli die katholische Kirche und das Papsttum selbst, das er ja sogar mit dem Antichristen als dem Gegenspieler Christi gleichsetzte.
Und dennoch ist Babylon durchaus nicht durchgängig der Hort des Bösen, als der es auf den ersten Blick erscheint. Auf lange Sicht haben die Babylonier mit ihrer Deportation der jüdischen Elite ganz wesentlich dazu beigetragen, dass sich die jüdische Theologie weiterentwickeln konnte. Hier schrieb beispielsweise der Prophet Ezechiel seine Werke, in denen er den Juden nach einer Zeit der Buße neues Heil verheißt und eine neue Verfassung für Israel entwirft. Hier entstehen beispielsweise auch die heute noch gültigen Regeln für die Beschneidung und die Sabbatruhe.
Nicht zuletzt Gott selbst scheint diese zwiespältige Rolle Babylons bewusst gewesen zu sein, denn er lässt die Stadt nicht untergehen, wie es ja in seiner Macht gestanden hätte und wie er es bei anderen Städten auch geschehen ließ. Über den Propheten Jeremia weist er die aus ihrer Heimat Israel Verschleppten vielmehr an: „Seid um das Wohl der Städte besorgt, in die ich euch verbannt habe, und betet für sie! Denn wenn es ihnen gut geht, dann geht es auch euch gut.“ (Jeremia 29,7)
Eine nüchterne Aufforderung an die Juden, die außerhalb ihrer Heimat Israel leben mussten und noch heute müssen. Allen Antisemiten sollte sie ins Stammbuch geschrieben werden.

Barmherzigkeit

Barmherzig zu sein war eine der Grundforderungen Jesu an seine Anhängerinnen und Anhänger. Als ihn etwa einmal ein jüdischer Gesetzeslehrer auf die Probe stellen wollte und ihn deshalb fragte, was er tun müsse, um das ewige Leben zu bekommen, verwies ihn Jesus auf die mosaischen Gesetze. Der Gelehrte zitierte aus dem Kopf: „Liebe den Herrn, deinen Gott, von ganzem Herzen, mit ganzem Willen und mit aller deiner Kraft und deinem ganzen Verstand! Und: Liebe deinen Mitmenschen wie dich selbst!" „Du hast richtig geantwortet", sagte Jesus. „Handle so, dann wirst du leben." (Lukas 10,27 f) Zur Verdeutlichung fügte Jesus noch die bekannte Erzählung vom barmherzigen Samariter an, bei dem besagter Samariter, für die damaligen Juden ein Angehöriger einer wenig geschätzten Minderheit, einem von Räubern zusammengeschlagenen und ausgeplünderten Mann half, nachdem zwei Angehörige von dessen eigenem Volk achtlos an ihm vorübergegangen waren. Nächstenliebe und Barmherzigkeit, so Jesu Lehre, können sich also nicht nur auf die erstrecken, die uns auch tatsächlich am nächsten stehen; Nächstenliebe kann auch Feindesliebe erfordern.

Die Eigenschaft der Barmherzigkeit hat nach christlicher Überzeugung in der bedingungslosen Liebe Gottes zu den Menschen ihre Grundlage, und sie ist deshalb auch eines der zentralen Elemente des Christentums, allen gegenteiligen Beispielen zum Trotz, wie sie etwa Nationalsozialisten, Sklavenhändler und Kreuzfahrer mehr als nur zur Genüge geliefert haben. Um nur einige zu nennen.

Barmherzigkeit als Thema findet sich bereits im Alten Testament. Dort wird sie jedoch nicht Menschen zugeschrieben, sondern sie ist eine Eigenschaft Gottes, mit der er den Men-

schen aus seiner Gnade heraus begegnet, auf die diese allerdings keinen Anspruch haben. Im Dialog mit Mose wird das deutlich ausgesprochen, als Gott sich nicht einschränken lassen will: „Es liegt in meiner freien Entscheidung, wem ich meine Gnade erweise; es ist allein meine Sache, wem ich mein Erbarmen schenke.“ (Exodus 33,19)
Als eine Sache des Umgangs zwischen Menschen beginnt die Geschichte der Barmherzigkeit im Neuen Testament erst mit Jesus Christus. Er zeigt sich als Sohn Gottes, weil er dessen Barmherzigkeit aufgreift und sie gegenüber Menschen gerade am Rande der Gesellschaft oder gerade in einer schwierigen persönlichen Situation ausübt.
Was Jesus unter Barmherzigkeit versteht, darauf gibt er im Matthäusevangelium eine Antwort, wo er gewissermaßen eine Verhandlung beim Jüngsten Gericht vorwegnimmt: „Kommt her! Euch hat mein Vater gesegnet. Nehmt Gottes neue Welt in Besitz, die er euch von allem Anfang an zugedacht hat. Denn ich war hungrig und ihr habt mir zu essen gegeben; ich war durstig und ihr habt mir zu trinken gegeben; ich war fremd und ihr habt mich bei euch aufgenommen; ich war nackt und ihr habt mir etwas anzuziehen gegeben; ich war krank und ihr habt mich versorgt; ich war im Gefängnis und ihr habt mich besucht.“ (Matthäus 25,34 ff)
Auf die überraschte Frage der barmherzigen Menschen, wann sie ihrem Gott denn je etwas Gutes getan hätten, erhalten sie die klassische Antwort: „Was ihr für einen meiner geringsten Brüder oder für eine meiner geringsten Schwestern getan habt, das habt ihr für mich getan.“ (Matthäus 25,40)
Jesu Aufzählung, wie sie sich auch in der christlichen Liste der „Werke der Barmherzigkeit“ findet, hat ihre Aktualität nicht verloren, wie nicht zuletzt Papst Franziskus bewies, als er für die römisch-katholische Kirche das Jahr 2016 zum Jahr der

Barmherzigkeit ausrief. Werke der Barmherzigkeit, so sagte er damals in einer Predigt, seien nach wie vor bedeutsam, denn durch diese „einfachen und doch großen, mitunter selbst kaum sichtbaren Taten können wir alle, die in Not sind, aufsuchen und ihnen die Zärtlichkeit und den Trost Gottes bringen“ (KNA-Meldung, 3. 4. 2016).

Barmherzigkeit ist demnach immer mehr als nur bloßes Mitleid. Während das nämlich auch nur ein Gefühl bleiben kann, verlangt Barmherzigkeit immer nach dem Ausdruck der Tat. Wenn der Papst nach „Aposteln der Barmherzigkeit“ verlangte, verlangte er damit auch nach Aposteln der Veränderung und der Verbesserung der Welt.

Wer nicht immer und überall dieser Forderung gerecht werden kann, muss deshalb aber noch nicht verzweifeln. Wer die Bibel genau studiert, findet im Evangelium des Matthäus nämlich eine Stelle, in der selbst Jesus kleine Lücken in seiner Barmherzigkeit erkennen ließ. Der Evangelist berichtet, dass Jesus eines Tages nach Jerusalem kam und Hunger hatte. Glücklicherweise stieß er am Straßenrand auf einen Feigenbaum, damals Lieferant eines der Grundnahrungsmittel für arme Leute. Dieser spezielle Baum hatte außer einem dichten Blattwerk allerdings nicht das Mindeste zu bieten; er trug keine Früchte. Jesus reagierte auf diese Fehlleistung alles andere als gelassen. Er machte mit der unglücklichen Pflanze kurzen Prozess, indem er sie anfuhr: „Du sollst niemals mehr Frucht tragen!“ (Matthäus 21,19) Der Baum verdorrte auf der Stelle.

Vielleicht hat es dem Messias ja hinterher leid getan …

Beelzebub

Mit „Beelzebub“ oder „Beelzebul“ können unterschiedliche mythologische Personen gemeint sein. Am häufigsten dürfte dieser Name als Alternative zu Satan oder Teufel dienen, mit ihm kann jedoch auch ein Dämon oder gar eine Gottheit der mit den Juden verfeindeten Philister bezeichnet werden.
Dieser Gott heißt eigentlich „Baal Zebul“, was in etwa „erhabener Herr“ bedeutet. Eine kleine, aber entscheidende Verschiebung macht aus ihm „Baal Zebub“, den „Herrn der Fliegen“ in der noch abwertenderen Bedeutung „Herr des Misthaufens“: Der Götze oder Dämon ist damit zumindest sprachlich erledigt. Das Neue Testament stellt Beelzebub dann als eine Art Oberteufel dar und liefert an derselben Stelle auch gleich noch den Ursprung jener Redensart, die das Böse mit noch Böserem beseitigen will: „Jesus heilte einen Stummen, der von einem bösen Geist besessen war. Als der böse Geist von ihm ausgefahren war, konnte der Mann wieder sprechen. Die Menge staunte, aber einige sagten: ‚Er kann die bösen Geister nur austreiben, weil Beelzebul, der oberste aller bösen Geister, ihm die Macht dazu gibt.‘“ (Lukas 11,14 f)

Beichte

„Machen Sie reinen Tisch! Sie werden sich dann besser fühlen.“ Diese Aufforderung an Übeltäter unterschiedlichsten Kalibers hat mittlerweile ihren festen Platz in so gut wie jedem Krimi gefunden. Und in der Tat bestätigt die Psychologie, dass das Gestehen von Fehlern und Verfehlungen einen befreienden Effekt hat, weil es in der Lage ist, bedrückende Schuldgefühle abzubauen.

Es dürfte daher nicht überraschen, dass auch die christlichen Kirchen, die nach dem Auftrag ihres Stifters Jesus Christus ja das Heil der Menschen im Auge haben sollen, ebenfalls ein Instrument zur Reinigung der Psyche anbieten. Sie setzen auf eine Beichte, die zur Vergebung begangener Sünden führen soll, von denen nach ihrer Lehre kein Mensch frei ist. Ihre Theologen können sich dabei auf eine Zusage berufen, die der auferstandene Messias seinen Jüngern gemacht hat und die sich im Johannesevangelium findet: „Wenn ihr jemand die Vergebung seiner Schuld zusprecht, ist die Schuld auch von Gott vergeben. Wenn ihr die Vergebung verweigert, bleibt die Schuld bestehen." (Johannes 20,23)

In der Praxis machen katholische wie evangelische Kirche von ihrer weitreichenden Ermächtigung allerdings sehr unterschiedlich Gebrauch. Auf evangelischer Seite können das bereuende Bekenntnis von Verfehlungen gegenüber Gott und die sich daraus ergebende Vergebung von Schuld beispielsweise unterschiedliche Formen annehmen, die vom seelsorglichen Gespräch bis zum von der gesamten Gemeinde gesprochenen Sündenbekenntnis im Gottesdienst reichen.

Der katholischen Kirche ist diese große Spannweite fremd. Als „Bußsakrament" ist die Beichte für Katholiken eines ihrer wesentlichen Gnadenmittel, und als solches Sakrament verlangt sie daher eine ganz bestimmte Form. In der Regel findet sie heute als höchst persönliches Gespräch zwischen Priester und Beichtendem in einem sogenannten „Beichtstuhl" statt, einer nach außen abgeschlossenen, schrankähnlichen Konstruktion in den Kirchen, die den Sichtkontakt in ihrem Inneren beschränkt und die zudem nach innen wie nach außen eine weitgehende Anonymität verspricht. So weit wie möglich unerkannt zu bleiben ist für die meisten Beichtenden wichtig, denn in der katholischen „Ohrenbeichte" werden die begangenen

Sünden ganz konkret nicht nur vor Gott, sondern – womöglich weit peinlicher – eben auch in dessen Stellvertretung vor dem die Beichte abnehmenden Priester bekannt.

Bereut der Beichtende seine Verfehlungen, so kann der Priester ihn nach einem beratenden Gespräch mittels einer festgelegten Formel von seiner Sündenschuld lossprechen. Diese sogenannte „Absolution“ wird von den meisten Menschen, die sie erfahren haben, als sehr entlastend empfunden. Sie haben ihre Verfehlungen nicht verdrängt, sondern sie haben sich ihnen gestellt, sie haben sie bekannt, und anschließend wurden sie ihnen vergeben. Gott zeigt sich in der Beichte als ein gnädiger Herr und gütiger Vater, der von seinem „Beichtkind“ allerdings eine entscheidende Gegenleistung verlangt: Wer auf die Vergebung seiner Sünden hofft, muss nicht nur bereuen, sie begangen zu haben, er oder sie muss darüber hinaus den festen Vorsatz fassen, das eigene Leben in Zukunft zu bessern und die Sünde zu meiden.

Was für gläubige Christen in der Beichte als segensreich erfahren wird, kann sich auf der anderen Seite für Geistliche als nicht zu unterschätzende Bürde erweisen. Der „Beichtvater“ genannte Priester mag nämlich nicht nur von menschlich, allzu menschlichem Stolpern und kleinen Fehltritten gehört haben, im extremen Fall wurden ihm auch Raub, Mord und Totschlag oder andere Kapitalverbrechen gebeichtet. Reden darf er indes darüber nicht: Ihn bindet seitens seiner Kirche ein strenges „Beichtgeheimnis“, das in den meisten Staaten selbst vom Gesetz garantiert wird. Priester sind zum absoluten Stillschweigen über alle Sünden verpflichtet, die ihnen in der Beichte anvertraut wurden. Sie dürfen über sie weder mit Amtsbrüdern reden noch müssen sie Verbrechen, von denen sie im Beichtstuhl gehört haben, anzeigen. Ihnen steht darüber hinaus ein Zeugnisverweigerungsrecht zu.

Automatisch auf der sicheren Seite sind durch die barmherzigen Regeln der Kirchen beichtende Bösewichte aber trotzdem keineswegs. Anders, als vielfach angenommen, wird durch eine Beichte nämlich durchaus nicht alles „wieder gut“ und quasi ungeschehen. Zwar mag Gott dem reuigen Sünder vergeben und ihm seine Sündenstrafen erlassen, das heißt jedoch nicht im Mindesten, dass nach dem Beichten auch auf Erden keine Verantwortlichkeit für die etwaigen Folgen einer Tat mehr besteht. Selbst wenn Gott einem Verbrecher verziehen hat, behalten für ihn die weltlichen Strafgesetze doch weiterhin ihre Gültigkeit.

Bergpredigt

Eigentlich ist es mit der Bergpredigt ganz einfach: Es ist eine Predigt, die Jesus auf einem Berg gehalten hat. Punktum. Selbst der Evangelist Matthäus, der über diese Rede berichtet, fasst sich bei seinen einführenden Worten kurz. Er berichtet zunächst über die Massen von Leuten, die Jesus wegen seiner Wundertaten und Krankenheilungen plötzlich folgten, um dann einen Jesus zu zeigen, der augenscheinlich genug hat von mehr oder weniger oberflächlichen Auftritten vor einem Publikum, das vor allem an spektakulären Aktionen interessiert zu sein scheint: „Als Jesus die Menschenmenge sah, stieg er auf einen Berg. Er setzte sich, seine Jünger versammelten sich um ihn, und er begann sie zu lehren.“ (Matthäus 5,1 f)
Diese Lehre hat es allerdings in sich. Was Jesus seinen Jüngern auf diesem Berg zu sagen hat – die Ähnlichkeit zur Verkündung der Zehn Gebote, die ja ebenfalls auf einem Berg stattfand, ist bestimmt kein Zufall –, das gehört zu den zentralen Aussagen des Christentums. Die Inhalte der Bergpredigt, zu

deren bekanntesten sicher die sogenannten „Seligpreisungen“ gehören, haben durch die Jahrhunderte hindurch vielen Menschen Orientierung gegeben und sie dazu inspiriert, sich mit ihrer Umgebung anders auseinanderzusetzen, als sie das sonst vielleicht getan hätten.

Die neun Seligpreisungen, die konkrete Lebenssituationen ansprechen, die von Armut, Trauer, Unterdrückung, fehlender Gerechtigkeit, Barmherzigkeit, Sanftmut, Aufrichtigkeit und Friedfertigkeit geprägt sind, enden jeweils mit einer ebenso konkreten Verheißung. Ein Beispiel: „Glücklich zu preisen sind die, die um der Gerechtigkeit willen verfolgt werden; denn ihnen gehört das Himmelreich.“ (Matthäus 5,10)

Eigentlich sind alle Seligpreisungen so knapp und präzise formuliert, dass über ihre Adressaten wie über Jesu Versprechungen keine Missverständnisse aufkommen könnten. Eigentlich. Aber schon die erste unter ihnen wird oft so übersetzt, dass ihre Aussage in einer falsch verstandenen Form beinahe zum geflügelten Wort geworden ist: „Selig die Armen im Geiste.“ Meint das wirklich, dass Gott ausgerechnet die Dummen für besonders gepriesen hält?

Ganz so dürfte es nicht sein, denn ein vergleichender Blick auf die anerkannten Übersetzungen macht schnell deutlich, dass es Jesus nicht darum ging, jedes menschliche Bildungsstreben quasi göttlich zu unterlaufen. In der aktuellen Fassung der Lutherbibel heißt es beispielsweise: „Selig sind, die da geistlich arm sind; denn ihrer ist das Himmelreich.“ (Matthäus 5,3) Die auch von der evangelischen Kirche anerkannte katholische Einheitsübersetzung spricht ebenso wie die um modernes Deutsch bemühte „Neue Genfer Übersetzung“ von jenen, „die arm sind vor Gott“, und die „Gute-Nachricht-Bibel“ schließlich, die ebenfalls viel Wert auf Verständ-

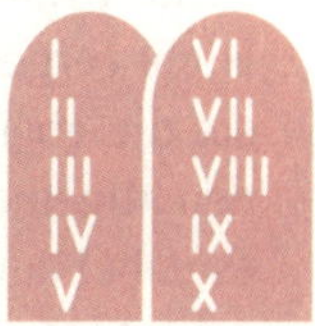

lichkeit legt, textet sehr frei: „Freuen dürfen sich alle, die nur noch von Gott etwas erwarten – mit Gott werden sie leben in seiner neuen Welt.“

Um ein Lob der Dummheit geht es in der Bergpredigt also keinesfalls.

Neben den Seligpreisungen enthält die Bergpredigt auch eine Reihe von Präzisierungen alttestamentlicher Ge- und Verbote. Mit ihnen verschärft Jesus die ursprünglichen Fassungen dieser Regeln nicht unerheblich. In Bezug auf den Umgang miteinander findet sich hier beispielsweise jene viel zitierte Forderung, die nicht nur von Politikern meist für unrealistisch gehalten wird: „Ihr wisst, dass es heißt: ‚Liebe deinen Mitmenschen; hasse deinen Feind.‘ Ich aber sage euch: Liebt eure Feinde und betet für alle, die euch verfolgen.“ (Matthäus 5,43 f)

Und noch manches andere aus dem Grundbestand des Christentums steht in der Bergpredigt. Hier findet sich nicht nur das „Vater unser“ in einer Form, auf die das heutige Gebet zurückgeht (Matthäus 6,9 ff), Jesus spricht in seiner Bergpredigt auch die sogenannte „Goldene Regel“ aus, die sich in ähnlicher Form auch in anderen Religionen findet und die von Immanuel Kant zum Kategorischen Imperativ erhoben wurde: „Behandelt die Menschen so, wie ihr selbst von ihnen behandelt werden wollt – das ist es, was das Gesetz und die Propheten fordern.“ (Matthäus 7,12)

Nicht vergessen sollten zudem eine Reihe von Aussprüchen Jesu, die ebenfalls aus der Bergpredigt stammen und längst in den allgemeinen Zitatenschatz aufgenommen worden sind, ob es dabei nun um das Licht geht, das nicht unter einen Scheffel gehört (Matthäus 5,15), oder um die berühmten Perlen, die niemand vor die Säue werfen sollte (Matthäus 7,6).

Schon diese wenigen Beispiele zeigen, wie wichtig die Bergpredigt für den christlichen Glauben ist. Es ist daher auch nur gut, dass Jesus nicht nur – wie eingangs vom Evangelisten berichtet – zu seinen Jüngern predigte, sondern dass sich auch ein weit größeres Publikum bei ihm auf dem Berg versammelte. Das Ergebnis rechtfertigt jedenfalls die Mühe: „Als Jesus seine Rede beendet hatte, war die Menge von seiner Lehre tief beeindruckt." (Matthäus 7,28)

Betlehem

Viel wäre nicht zu sagen über die israelische Kleinstadt Betlehem, wäre da nicht … Genau: Der nur wenige Kilometer südlich des Jerusalemer Tempelberges gelegene Ort soll nach den Evangelisten Matthäus und Lukas der Geburtsort Jesu sein. Der Mann, den für mehr als zweieinviertel Milliarden Menschen auf dem ganzen Globus der Sohn Gottes ist, kam dort in einer Hütte, einem Stall oder einer Höhle auf freiem Feld zur Welt: Alle Herbergen des Ortes waren wegen einer von der römischen Besatzungsmacht angeordneten Volkszählung ausgebucht.
Einer der großen Könige des Judentums stammt ebenfalls aus Betlehem: David, jener berühmte Herrscher, der gleichzeitig Kämpfer und Künstler war. Um Jesus für möglicherweise wankelmütige Gläubige in eine Reihe mit dieser in höchstem Maße angesehenen Persönlichkeit des Alten Testaments zu stellen und den Anspruch, er sei der lange erwartete Messias, zu unterstreichen, kam für ihn eine Herkunft aus dem ländlichen Galiläa und seiner eigentlichen Heimatstadt Nazaret nicht infrage. Bezeichnend dafür ist eine Szene, die der Evangelist Johannes schildert. Jesus hatte gerade einmal wieder vor einer großen Volksmenge gepredigt: „Von diesen Worten beeindruckt, mein-

ten einige aus der Menge: ‚Das ist wirklich der Prophet, auf den wir gewartet haben!' Manche sagten sogar: ‚Er ist der Messias!' – ‚Seit wann kommt denn der Messias aus Galiläa?', wandten andere ein. ‚Heißt es nicht in der Schrift, dass der Messias ein Nachkomme Davids sein wird und aus Betlehem stammt, dem Ort, wo David lebte?'" (Johannes 7,40 ff)

Was durch Matthäus und Lukas dann ja geregelt wäre. Und ansonsten?

Über seinen großen Auftritt als Geburtsstadt Jesu spielt Betlehem im Neuen Testament keine Rolle mehr, und auch für moderne Touristen dürfte es nicht unbedingt ganz oben auf der Liste jener Plätze stehen, die man unbedingt gesehen haben sollte. Immerhin, seit dem Jahr 333 erhebt sich über der angeblichen Geburtsgrotte Jesu eine Kirche, die zu den wenigen erhalten gebliebenen Beispielen frühchristlicher Architektur gehört.

Aber sonst? Wie gesagt: eine Kleinstadt. Wenn auch mit großer Geschichte.

Bibel

Das heilige Buch der Christen, mit rund 2,26 Milliarden Gläubigen nach wie vor die größte Religionsgemeinschaft der Welt, ist erwartungsgemäß auch der Weltbestseller. Von ihrer Bibel, die aus dem Juden und Christen gemeinsamen „Alten Testament" und dem allein christlichen „Neuen Testament" besteht, wurden bis heute geschätzt zwei bis drei Milliarden Exemplare verkauft oder verschenkt. Das einst von Millionen Chinesen geschwenkte Rote Buch des Vorsitzenden Mao Zedong bringt es immerhin auf gut die Hälfte dieser Auflage, der Koran liegt mit einer Verbreitung von etwa einer Milliarde zwar noch erkennbar dahinter, dürfte aber das Zeug zum Aufholen haben. Das von Karl Marx und Friedrich Engels verfasste Kommunistische Manifest hat er mit „nur“ rund 500 Millionen gedruckten Exemplaren bereits auf Platz 4 der ewigen Weltbestsellerliste abgedrängt.

Wie christliche Bibelgesellschaften stolz verkünden, liegt die komplette Bibel mittlerweile in etwa 470 Übersetzungen vor; Teile ihrer Schriften wurden sogar in über 2500 der etwa sechs- bis siebentausend Sprachen auf der Welt übertragen.

Bei einem Werk dieser Bedeutung und Verbreitung mag es überraschen, dass nicht ganz klar ist, aus welchen Texten es eigentlich besteht. Bei der Bibel ist das allerdings seit Langem und immer noch so, weil trotz aller Ökumene zwischen den Kirchen bislang keine Einigkeit darüber erreicht werden konnte, was eigentlich im biblischen Inhaltsverzeichnis stehen sollte. Für Katholiken gehören beispielsweise sieben Bücher mehr zum Alten Testament als die vom Reformator Martin Luther anerkannten neununddreißig Schriften. Evangelische Christen bezeichnen diese Schriften deshalb als Apokryphen (griechisch: verborgen), d. h. für sie sind es Texte, die zwar in enger Verbindung zur Bibel stehen, aber dennoch nicht zu ihrem anerkannten Bestand gehören. Luther bezeichnete sie entsprechend als „Bücher, so der Heiligen Schrift nicht gleich gehalten, und doch nützlich und gut zu lesen sind“.

Die Bibel, die oft auch als „Buch der Bücher“ bezeichnet wird, entstammt zwar unbezweifelbar von Menschenhand geführten Federn, ein Stück göttlich inspirierter Literatur ist sie dennoch mit Sicherheit. Für Christen stellt sie eine Jahrtausende alte Sammlung mehr oder minder spannender, teilweise höchst blutrünstiger, aber nicht selten auch literarisch sehr hochwertiger Geschichten dar. Mit ihren beiden „Testamenten“ deckt sie

den weiten Zeitraum von der Erschaffung der Welt bis zu den Ereignissen kurz nach der Kreuzigung des christlichen Heilands und der Entwicklung der ersten urchristlichen Gemeinden ab. Zusätzlich gestattet sie mit der Offenbarung des Sehers Johannes auch noch einen prophetischen Ausblick auf die letzten Tage dieser Welt und den endgültigen Endscheidungskampf zwischen Gut und Böse.
Sie enthält mit den Zehn Geboten eines der grundsätzlichsten und einflussreichsten Gesetzeswerke der menschlichen Geschichte, in ihr finden sich einige der eindringlichsten und schönsten Lieder und Gebete der Menschheit und sie erzählt mit den Evangelien gleich in vier Versionen vom Leben und Sterben des Mannes, den Christen für den Sohn Gottes und den Heiland dieser Welt halten: Jesus von Nazaret.
Die biblischen Texte wären heute ebenso wegen ihrer extremen Gewaltdarstellungen wie wegen ihrer erotischen Inhalte vielleicht nicht alle jugendfrei, manchmal – beispielsweise in ihren ausführlich aufgelisteten Stammbäumen biblischen Personals oder der akribischen Verkündung von Gesetzesregelungen – sind sie auch nur langweilig und ermüdend. Was die Bibel erzählt, ist keineswegs immer frei von Widersprüchen. Ihre Darstellung des jüdischen und christlichen Gottes ergibt mit seiner Entwicklung von einem Stammesgott der Rache zu einem allgemeinen Gott der Liebe überdies kein in allen Punkten schlüssiges Porträt eines ewigen und unwandelbaren Schöpfers und himmlischen Herrschers.
Was in der Bibel zu lesen ist, muss deshalb immer wieder neu interpretiert, aus seiner Zeit erklärt und auf die jeweilige aktuelle Zeit bezogen werden. Nur wenn das geschieht, behält sie ihren Wert als Grundlage und Zeugnis der immer noch größten Religion dieser Erde, des Christentums. Nur wer die Bibel in einem guten Sinn „kritisch“ liest, läuft nicht Gefahr, für naiv

oder leichtgläubig gehalten zu werden. Kurz: Nur wer die Bibel nicht wörtlich versteht, versteht sie richtig.

Bischof

Direkt aus einem Wunsch Jesu, der ohnehin kein besonderer Freund irdischer Hierarchien gewesen zu sein scheint, lässt sich das Bischofsamt nicht ableiten. Da in den ersten Jahren oder sogar Jahrzehnten des Urchristentums ohnehin die Apostel noch lebten und auch in den Gemeinden selbst aktiv waren, war der Wunsch nach Menschen, die im gerade erst entstandenen Christentum an herausgehobener Stelle ordnend eingreifen konnten, noch nicht allzu dringend. Und dennoch brauchte man nach und nach neue und mehr „Oberhirten".
Ein eigentliches Bischofsamt, dessen deutsche Bezeichnung sich aus dem griechischen „episkopos" für Aufseher oder jemanden, der die Übersicht besitzt, ableitet, entwickelte sich deshalb im Laufe des zweiten Jahrhunderts. Die Aufgaben von Gemeindevorstehern waren jedoch bereits vorher im vermutlich von Paulus verfassten Brief an seinen Schüler Titus so beschrieben worden: Der Leiter einer Gemeinde „darf als Hausverwalter Gottes keinerlei Anlass zum Tadel geben. Er soll nicht anmaßend oder jähzornig sein, auch kein Trinker oder gewalttätiger Mensch. Er darf nicht darauf aus sein, sich zu bereichern, sondern soll gastfreundlich sein und das Gute lieben. Er soll besonnen sein, gerecht, untadelig und beherrscht. Er muss sich an die zuverlässige Botschaft halten, wie sie ihn gelehrt worden ist. Dann wird er in der Lage sein, die Gemeinde auf dem rechten Weg zu halten und den Gegnern ihren Irrtum nachzuweisen." (Titus 1,7–9)

Im Prinzip gilt diese Beschreibung von Aufgaben und Qualifikationen für einen Bischof auch heute noch. Hinzu gekommen ist für einen modernen Bischof allerdings die Leitung seines Bistums, eine nicht unerhebliche Managementaufgabe, die mit der Leitung eines größeren Industrieunternehmens durchaus zu vergleichen ist. Das Erzbistum Köln, in dem mehr als zwei Millionen Katholiken leben, ist nach eigenen Angaben beispielsweise Arbeitgeber für rund 60.000 Menschen.

Obwohl beide Kirchen den Bischofsrang kennen, unterscheiden sich Bischöfe in der katholischen und der evangelischen Kirche in einigen, zum Teil wesentlichen Punkten.

Am wichtigsten: Katholische Bischöfe wie auch die Oberhäupter anderer Kirchen ohne eine Reformation führen ihre Position in direkter Linie auf die Apostel zurück; Kenner nennen das die „apostolische Sukzession". Nach ihr entsandte Jesus die Apostel in die Welt und gab ihnen die Vollmacht, seine Kirche zu leiten. Entsprechend seinem Auftrag bauten die Apostel diese Kirche immer weiter auf und aus, wobei sie sich die Unterstützung glaubensfester Männer sicherten, denen sie als äußeres Zeichen ihrer Aufgabenübertragung die Hände auflegten. Nach katholischer Lehre erfolgte dieses Handauflegen, das einer Bischofsweihe gleichkommt, von den Zeiten Jesu bis heute in ununterbrochener Folge, eine nahezu beispiellose geschichtliche Kontinuität. Durch sie soll gesichert werden, dass Glaubensinhalte unverfälscht weitergegeben werden.

Auf diese Treue zu den Lehren Jesu kommt es selbstverständlich auch der evangelischen Seite an. Die Kirchen der Reformation sehen sie allerdings nicht vorrangig als allein durch den Akt der Weitergabe einer Amtsvollmacht garantiert an.

Als weitere Unterschiede werden katholische Bischöfe erst dadurch zu Bischöfen, dass andere Bischöfe sie in einer feierli-

chen Liturgie dazu weihen. Überdies müssen sie, wie generell alle Priester, männlich und ehelos sein.
Für evangelische Bischöfe gilt beides nicht: Seit dem Ende des 20. Jahrhunderts gibt es auch mehr und mehr Bischöfinnen; Ehelosigkeit wird zudem von keinem oder keiner evangelischen Geistlichen verlangt. Angehende Bischöfe werden außerdem nicht geweiht, sondern in einer ebenfalls feierlichen, wenn auch bescheideneren Zeremonie „ordiniert", d. h. in ihr Amt eingeführt.
Katholische Bischöfe, die entweder direkt vom Papst ernannt oder auch von ranghohen Geistlichen eines Bistums gewählt werden, übten ihr Amt früher bis zu ihrem Lebensende aus; inzwischen hat sich als Ruhestandsgrenze jedoch die Vollendung des 75. Lebensjahres durchgesetzt. Evangelische Bischöfinnen und Bischöfe werden ohnehin nur auf eine begrenzte Zeit gewählt, es kann für sie aber auch eine Pensionsgrenze gelten, die sich meist am weltlichen Bereich des Arbeitslebens orientiert.
Und noch etwas: Auch der Papst als – nach katholischer Auffassung – Nachfolger des Apostels Petrus ist übrigens „nur" ein Bischof. Er ist stets auch gleichzeitig Bischof von Rom; eine spezielle „Papstweihe" gibt es nicht.

Brot und Wein

Man kann es in der liturgischen Form nicht mehr leicht erkennen, aber Gastmähler – oder generell gemeinsames Essen und Trinken – spielen im Christentum eine große Rolle. In der evangelischen Kirche wird das durch die gottesdienstliche Feier eines „Abendmahles" noch etwas deutlicher als bei den Katholiken, die ihr auch „Altarssakrament" genanntes Mahl

hinter Worten wie „Eucharistie“ oder „Kommunion“ eher verstecken. Ersteres stammt aus dem Griechischen und bedeutet Danksagung, Letzteres aus dem Lateinischen und steht für Gemeinschaft.
In den meisten Kirche werden beim Abendmahl – wenn auch in kleinen Mengen – Brot und Wein[1] miteinander geteilt, in der katholischen Kirche ist eine solche Kommunion „in beiderlei Gestalt“ allerdings die Ausnahme. Hier werden den Gläubigen allein sogenannte „Hostien“ gereicht, dünne runde Scheibchen ungesäuerten Brotes aus Weizenmehl und Wasser.

Dass bei Abendmahl oder Eucharistie Brot und Wein verwendet werden, hat natürlich etwas mit dem Gedenken an das sogenannte „Letzte Abendmahl“ zu tun, das Jesus kurz vor seiner Festnahme und seinem Tod am Kreuz mit seinen Jüngern in Jerusalem feierte.
Brot und Wein sind allerdings auch uralte Symbole, die ihre eigene Bedeutung mit sich bringen. Brot steht dabei für ein Grundnahrungsmittel, das für den Erhalt des menschlichen Lebens eine große Bedeutung besitzt. Wein ist dagegen mehr der Sphäre des Genusses zuzuordnen. In vielen Kulturen wird er getrunken, um das Leben bunter und schöner zu machen. Brot und Wein zusammen füllen dann die weite Spanne aus, die sich zwischen Arbeit und Fest, zwischen Pflicht und Kür, zwischen dem Notwendigen und dem – eigentlich – Überflüssigen ergibt.
Gemeinsame Mahlzeiten sind schließlich nicht nur im weltlichen Bereich von Gewicht, wo sie ja von der zwanglosen Familienfeier bis zum gewichtigen Staatsbankett überall eine Rolle spielen. Sie besitzen auch in der Mythologie vieler Kulturen ihren Stellenwert, um mit den Göttern in Kontakt zu kommen.

Das Christentum hat diesen Gedanken aufgenommen und ihn zu einem zentralen Punkt seiner Gottesdienste gemacht.
Missverständnisse waren dabei quasi programmiert, denn die Worte, mit denen Jesus die Tradition der christlichen Mess- und Abendmahlsfeiern begründet, wirken nicht nur in der Fassung des Evangelisten Markus durchaus so, als ginge es bei ihnen um die Stiftung einer Religion, die ein wenig an einen Kult der Menschenopfer erinnert: „Während der Mahlzeit nahm Jesus ein Brot, sprach das Segensgebet darüber, brach es in Stücke und gab es ihnen mit den Worten: ‚Nehmt, das ist mein Leib!' Dann nahm er den Becher, sprach darüber das Dankgebet, gab ihnen auch den, und alle tranken daraus. Dabei sagte er zu ihnen: ‚Das ist mein Blut, das für alle Menschen vergossen wird. Mit ihm wird der Bund in Kraft gesetzt, den Gott jetzt mit den Menschen schließt.'" (Markus 14,22)
Aufgrund dieser „Einsetzungsworte" genannten Formel geht die katholische Kirche in der Tat davon aus, in der durch die Wandlungsworte des Priesters geweihten Hostie seien der Leib und das Blut Jesu Christi wirklich gegenwärtig. Diese sogenannte „Realpräsenz" wird auch von den meisten evangelischen Kirchen angenommen. Sie folgen darin Martin Luther und seinen Worten, der Leib und das Blut Jesu Christi seien „in, mit und unter" Brot und Wein gegenwärtig, diese Anwesenheit werde – anders als von den Katholiken geglaubt – aber nicht durch priesterliche Handlungen, sondern durch die Einsetzungsworte Jesu selbst bewirkt.
Reformierte Kirchen, die sich auf die beiden Schweizer Huldrych Zwingli und Johannes Calvin berufen, sowie ebenso etwa Baptisten und Pfingstgemeinden lehnen die Vorstellung einer Realpräsenz dagegen völlig ab: Für sie ist in Brot und Wein beim Abendmahl Jesus Christus allein symbolisch zugegen.

Da für das menschliche Auge – und selbstverständlich genauso für die menschliche Zunge – Brot und Wein jedoch auch nach ihrer „Wandlung“ noch Brot und Wein geblieben sind und selbst eine naturwissenschaftliche Untersuchung in ihnen keine Spuren menschlicher Körperfasern oder -flüssigkeiten zu Tage fördern würde, bleibt die Anerkennung der realen göttlichen Gegenwart ein Akt des Glaubens oder – mit einem Luther-Wort – „ein unerklärliches Geheimnis“.
Stark unterschiedlich ist bei den verschiedenen Kirchen geregelt, wer am Tisch des Herrn Platz nehmen darf und wer nicht. Die evangelische und die katholische Position liegen hier sehr weit auseinander. Während etwa bei den Protestanten alle getauften Christen zum Abendmahl eingeladen sind und oft nicht einmal mehr die „Konfirmation“ mit dreizehn oder vierzehn Jahren oder gar die Taufe zur Bedingung gemacht wird, zieht die katholische Kirche hier äußerst strenge Grenzen. Zum Empfang der Heiligen Kommunion sind nach ihrer Lehre im Wesentlichen nur Katholiken nach Absolvierung eines speziellen Kommunionunterrichts zugelassen. Ausgeschlossen sind nicht nur die Mitglieder anderer christlicher Konfessionen, sondern beispielweise auch Gläubige, die sich einer schweren Sünde schuldig gemacht haben, und sogar wiederverheiratete Geschiedene.

Bundeslade

Ihr rätselhafter Ruf hat sie selbst in moderne Actionfilme Eingang finden lassen. „Jäger des verlorenen Schatzes“, der erste Film der erfolgreichen Reihe um den unerschrockenen Abenteurer und Archäologieprofessor Indiana Jones, handelt von der Suche nach der mythischen Bundeslade des Volkes Israel und ihrer unheimlichen Macht, hinter der der amerikanische

Geheimdienst wie die nationalsozialistische Gestapo gleichermaßen her sind. Und in der Tat: Die jüdische Bundeslade ist sicherlich einer der geheimnisvollsten Gegenstände, die sich in der Bibel finden. Allenfalls der sogenannte „Heilige Gral", bei dem es sich nach alten Legenden um den Kelch handeln soll, den Jesus beim Letzten Abendmahl verwendete, beschäftigt die allgemeinen Spekulationen seit Jahrhunderten ähnlich stark. Für die angebliche Wunderkraft dieses Grals – oder auch nur für seine Existenz – findet sich in der Bibel jedoch nicht die geringste Erwähnung.

Bei der Bundeslade ist das anders, über sie gibt es im Buch Exodus geradezu übergenaue Angaben. Das beginnt damit, dass Gott Mose auffordert, in seinem Volk quasi eine Spendensammlung durchzuführen, um aus den Gaben der Israeliten eine irdische Wohnstatt für ihn zu errichten. Über deren Aussehen hatte er Vorstellungen, die mindestens so detailliert waren wie die Pläne irdischer Bauherren. Zu Mose sprach er deshalb: „Ich zeige dir jetzt das Modell meiner Wohnung und der dazugehörigen Geräte, damit ihr es genau nach diesem Muster herstellen könnt." (Exodus 25,9) Ebenso exakt waren die Vorstellungen des Herrn vom Sinn und Zweck des neuen Möbels: „In der Lade verwahrst du die zwei Tafeln mit dem Bundesgesetz und legst die Deckplatte darauf. Dort will ich dir begegnen. Von der Deckplatte aus, von der Stelle zwischen den beiden Cherubim (Engel), werde ich mit dir reden und dir alle Anweisungen für das Volk Israel geben." (Exodus 25,21 f)

Der Name Bundeslade, der vielleicht zum leichteren Verständnis eher „Bundestruhe" lauten sollte, weist auf den Bund Gottes mit dem Volk Israel hin. Für die Israeliten war sie das sichtbare Zeichen dafür, dass dieser Gott ganz real unter ihnen wohnte. Entsprechende Hochachtung und Scheu kamen daher der Lade zu.

Entsprechend prächtig war sie auch ausgeführt. Für diese Prachtentfaltung hatte Gott mit der bereits zitierten Bauanleitung selbst gesorgt: „Die Israeliten sollen eine Lade aus Akazienholz anfertigen: eineinviertel Meter lang, drei viertel Meter breit und ebenso hoch. Außen und innen soll sie mit reinem Gold überzogen sein und ringsum mit einer Goldleiste verziert. Lass vier Ringe aus Gold gießen und sie an den vier Ecken anbringen, sodass an jeder Längsseite zwei Ringe sind. Weiter lass Stangen aus Akazienholz machen und sie mit reinem Gold überziehen. Die Stangen sollen durch die Ringe an den Seiten der Lade gesteckt werden, damit man die Lade tragen kann. (…) Lass eine Deckplatte aus reinem Gold herstellen, die in den Maßen genau auf die Lade passt. An den beiden seitlichen Enden der Deckplatte werden zwei geflügelte Cherubimfiguren aus getriebenem Gold angebracht. Sie stehen einander zugewandt, den Blick auf die Deckplatte gerichtet; ihre Flügel halten sie schirmend über der Platte ausgebreitet." (Exodus 25,10 ff)
Erhalten geblieben ist von dieser ganzen Pracht und ihrem unschätzbaren Inhalt leider wahrscheinlich gar nichts. Als der babylonische König Nebukadnezzar um 587 v. Chr. bei seiner Eroberung Jerusalems den Tempel zerstörte und seine Schätze plünderte, fiel ihm auch die Bundeslade in die Hände. Seither gilt sie als verschollen.
Berichte darüber, die seit den Tagen der Kreuzritter immer wieder aufkommen und behaupten, dass die Lade als Ganzes oder zumindest in Teilen wiedergefunden wurde, konnten nie bestätigt werden. Bei der afrikanischen Bundeslade, die im äthiopischen Aksum von der äthiopisch-orthodoxen Kirche gehütet wird, dürfte es sich daher ebenso wenig um das biblische Original handeln wie es Belege dafür gibt, dass der Prophet Jeremia sie vor den babylonischen Eroberern gerettet ha-

ben könnte, wie es das von den Katholiken und Orthodoxen, nicht aber von den Protestanten anerkannte zweite Buch der Makkabäer behauptet. Nach diesem sogenannten „apokryphen“ Text habe Jeremia „das Heilige Zelt, die Bundeslade und auch den Räucheraltar in einer Höhle versteckt und den Eingang der Höhle verschlossen“ und verfügt: „Der Ort soll unbekannt bleiben, bis Gott sich über sein Volk erbarmt und es wieder hierher zusammenführt.“ (2 Makkabäer 2,5 ff)
Was bisher offensichtlich noch nicht geschehen ist …

Christus

Nach ihm ist das Christentum benannt, und von daher liegt der Gedanke mehr als nur nahe, dass es sich bei diesem „Christus“ um die zentrale Gestalt dieser Religion handeln könnte. Und in der Tat: Nach christlicher Lehre ist dieser in Betlehem geborene und in Nazaret als Zimmermannssohn aufgewachsene Jude Gottes Sohn und der von seinem göttlichen Vater gesandte Erlöser des Menschengeschlechtes.

Unter dem Namen Jesus lebte er um die später zu seinen Ehren festgelegte Zeitenwende herum dreiunddreißig Jahre in Palästina, davon aber nur die letzten drei als wandernder Prediger und Wundertäter unter den Augen einer stetig wachsenden Öffentlichkeit. Seinen Tod fand er in Jerusalem, wo er von dem römischen Statthalter Pontius Pilatus zur Kreuzigung verurteilt wurde. Nach drei Tagen stand er jedoch von den Toten wieder auf, erschien an seinem jetzt leeren Grab zunächst Maria Magdalena, später den Aposteln und noch später weiteren fünfhundert Menschen, wie Paulus in seinem ersten Brief an die Gemeinde im griechischen Korinth berichtet (vgl. 1 Korinther 15,3 ff). Schließlich wurde er in den Himmel aufgenommen, was Christen auf der ganzen Welt am Donnerstag vierzig Tage nach Ostern immer noch mit dem Fest „Christi Himmelfahrt“ feiern.

So weit, so gut. Was hat es nun aber mit dem Namen „Christus“

auf sich? Denn offensichtlich hieß der Begründer der nach wie vor größten Weltreligion ja eigentlich Jesus. War „Christus" vielleicht sein Nachname?
Zwar klänge diese Vermutung für heutige Ohren durchaus plausibel, sie ist aber dennoch falsch – und nicht nur, weil dann die irdischen Eltern des himmlischen Herrn mit vollem Namen Josef und Maria Christus heißen würden.
Tatsächlich ist „Christus" denn auch kein Nach- oder Zweitname, sondern ein dem eigentlichen Namen nachgestellter Ehrentitel. Als lateinische Form des griechischen „Christos" entspricht er dem hebräischen „Maschiach" bzw. dem deutschen Messias und bedeutet „der Gesalbte". Mit kostbarem Öl gesalbt wurden im alten Israel nämlich das Haupt eines kommenden Königs und später dasjenige des jeweiligen Hohepriesters; damit sollte deren göttliche Berufung und ihr Amt als Hüter und Führer ihres Volkes ausgedrückt werden. Dass er so für die Seinen tätig würde, erwartete man auch von Jesus.
Der hat sich nach den Evangelien des Neuen Testaments übrigens nie selbst als „Christus" oder „Messias" bezeichnet. Diese Heilserwartung wurde stets von anderen an ihn herangetragen. Berühmt ist in diesem Zusammenhang das Bekenntnis des Simon Petrus, mit dem der Apostel auf die Frage Jesu antwortet, für wen ihn denn seine Jünger hielten: „Du bist der Christus!" oder – je nach Übersetzung – auch „Du bist der Messias!" (Markus 8,29) In der um besonders verständliche Sprache bemühten Fassung der „Gute-Nachricht-Bibel" bedeutet das schlicht: „Du bist der versprochene Retter!"

Daniel

Daniel? Daniel? Das war doch der mit der Löwengrube!
Genau, das war der. Doch damit noch lange nicht genug. Daniel, der zu den sogenannten „großen Propheten“ des Alten Testaments gezählt wird, ist wohl einer der farbigsten Helden der Bibel. Er wurde gegen Ende des sechsten Jahrhunderts vor Christus von den Truppen des Königs Nebukadnezzar mit drei Freunden nach Babylon deportiert. Dort gelang ihm unter mehreren Herrschern eine spektakuläre Karriere irgendwo zwischen frommem Seher, gewieftem Politiker und einem von seinem Gott geschützten Supermann. Das nach ihm benannte Buch Daniel des Alten Testaments ist voll von seinen Geschichten.

Angefangen hatte alles damit, dass Nebukadnezzar nach seinem erfolgreichen Feldzug gegen Juda junge Mitglieder der jüdischen Elite in seinen babylonischen Palast holen ließ, um sie – so vielleicht der Ausdruck in einem modernen Spionagethriller – „umzudrehen“. Bei Daniel und seinen drei Freunden hatte er damit jedoch kein Glück: Sie zeigten sich zwar klug und gelehrig, wichen von ihrer Religion aber nicht ab. Geschadet hat den jungen Männern das offensichtlich nicht, denn Daniel gelang es, Nebukadnezzar für sich und den Gott der Israeliten einzunehmen. Er konnte ihm unter anderem einen Traum deuten, an dessen Geheimnissen die Weisen Babylons gescheitert waren.

Nebukadnezzar zeigte sich beeindruckt: „Euer Gott ist wahrhaftig der Herr über alle Götter und Könige! Er kennt das Verborgene, sonst hättest du nicht dieses Geheimnis enthüllen können." (Daniel 2,47)
Der König beschenkte Daniel nach dieser Erfahrung reich und machte ihn zudem zum Statthalter der Provinz Babylon und zum höchsten königlichen Ratgeber.
Allzu lange scheint das Glück zwischen dem offenbar höchst sprunghaften Herrscher und seinem begabten Beamten aber nicht gedauert zu haben, denn Nebukadnezzar ließ von sich ein dreißig Meter hohes Standbild aus purem Gold anfertigen, vor dem sich jedermann niederwerfen und das alle Babylonier anbeten sollten.
Der fromme Jude Daniel tat das verständlicherweise nicht. Die Folge: Er wurde mit seinen ebenso standhaften Freunden in einen riesigen glühenden Ofen geworfen. Das Gottvertrauen der Vierergruppe war dadurch jedoch nicht zu erschüttern; sie entkamen dem Feuer unverletzt und, wie die Bibel betont, nicht einmal Brandgeruch hing in ihren Kleidern. Nebukadnezzar war wegen dieser Rettung auf einmal wieder von der Macht des für ihn fremden Gottes überzeugt: „Er hat seinen Engel gesandt, um diese Männer zu retten, die ihm gehorcht und auf ihn vertraut haben. Sie haben sich meinem Befehl widersetzt und ihr Leben gewagt, weil sie keinen anderen Gott verehren und anbeten wollten außer dem ihren." (Daniel 3,28)
Daniels abenteuerliche Geschichte geht nach diesem Wunder weiter. Er deutete neue Träume, löste das Rätsel der berühmten Wandschrift, das sich als geheimnisvolles „Menetekel" bis in unsere Tage erhalten hat, und blieb selbst dann ganz oben, als der Mederkönig Darius Babylon eroberte. Als der ihn sogar zum Bevollmächtigten für das ganze Reich machte, wuchs der Neid unter seinen Konkurrenten. Sie intrigierten gegen ihn,

überredeten Darius, sich selbst an Gottes Stelle zu setzen, und erreichten schließlich, dass Daniel zum Tod in der Löwengrube verurteilt wurde, weil er an seinem und Israels Gott festhielt.
Wieder kam es, wie es kommen musste, und Daniel konnte nach einer Nacht unter Raubtieren berichten: „Mein Gott sandte seinen Engel und verschloss den Löwen den Rachen, sodass sie mir nichts antun konnten. Denn er hat keine Schuld an mir gefunden und auch gegen dich, mein König, habe ich kein Unrecht begangen.“ (Daniel 6,23)
Anstelle von Daniel wurden nun seine Widersacher – leider samt ihren Familien – in die Löwengrube geworfen und von den wilden Tieren zermalmt. Darius aber verfügte: „Hiermit ordne ich an: In meinem gesamten Reich soll man den Gott Daniels fürchten und vor ihm zittern; denn er ist der lebendige, ewige Gott. Sein Reich ist unzerstörbar und seine Herrschaft nimmt kein Ende.“ (Daniel 6,27)
Ein Happy End aller menschlichen Geschichte hat sich aus diesem königlichen Befehl leider nicht ergeben. Noch nicht einmal ein Friede zwischen den Religionen konnte bisher auf der Erde schließlich erreicht werden.
Daniel schien das irgendwie vorausgeahnt zu haben. Der zweite Teil seines biblischen Buches ist deshalb weit weniger von Abenteuern geprägt als der erste, Daniel präsentiert sich in ihm vielmehr als ein Seher, der das Ende der Welt und die letzten Kämpfe zwischen Gut und Böse voraussieht. Wie auch bei der Offenbarung des Johannes, die sich im Neuen Testament findet, steht trotz aller Not und Bedrängnis die positive Schlussszene aber schon fest: „Die Einsichtigen werden leuchten wie der taghelle Himmel, und alle, die anderen den rechten Weg gezeigt haben, werden glänzen wie die Sterne für ewige Zeiten.“ (Daniel 12,3)

David

David ist im Alten Testament ein König von Juda und später von ganz Israel. Zu seiner für eine Persönlichkeit der Bibel ungewöhnlichen Bekanntheit hat er es jedoch nicht als Herrscher oder Feldherr gebracht, dafür sind andere Gründe ausschlaggebend. David, der um das Jahr 1000 vor Christus lebte, bringt vielmehr so ziemlich alles in die Geschichte ein, was einen „Promi" auch heute noch ausmacht: Er war mutig, er war politisch begabt, er war ein Künstler und Frauenheld, er konnte aber auch intrigant und gewissenlos sein.

Laut Bibel wurde David wie Jesus in Betlehem geboren. Er hütete die Schafe seines Vaters, war aber auch mit König Saul vertraut, dem er nach einer biblischen Erzählung mit seinem Harfenspiel dessen Depressionen vertrieb. Einem weiteren Kreis bekannt wurde er allerdings nicht durch seine musikalischen Darbietungen, sondern dadurch, dass er den schwer gerüsteten Goliat, einen riesenhaften Krieger im Heer der gegen Saul kämpfenden Philister, mit einem Stein aus seiner Schleuder am Kopf traf und dadurch tötete.

Der hatte kurz vorher noch vollmundig getönt: „Was willst du denn mit deinem Stock? Bin ich vielleicht ein Hund?" und gespottet: „Komm nur her, dein Fleisch will ich den Geiern und Raubtieren zu fressen geben!" (1 Samuel 17,43 f) Daniel, eine Art beweglicher Guerillakämpfer gegen einen schwerfälligen Soldaten in fester Rüstung, hatte aus sicherem Glauben dagegengehalten: „Du trittst gegen mich an mit Säbel, Spieß und Schwert. Ich aber komme mit dem Beistand des Herrn, des Herrschers der Welt, des Gottes, dem das Heer Israels folgt und den du verhöhnt hast. Er wird dich heute in meine Hand geben. Ich werde dich töten und dir den Kopf abschlagen, und die Leichen der übrigen Philister werde ich den Vögeln und Raubtieren zu fressen geben. Dann wird die ganze Welt erkennen, dass das Volk Israel einen Gott hat, der es beschützt." (1 Samuel 17,45 f) Der Coup gelang, die Propaganda wirkt noch heute: David gegen Goliat, dieser Kampf ist in den allgemeinen Sprichwortschatz eingegangen.

Davids einzige Leistung war diese Tat jedoch keineswegs. Der gut gezielte Steinwurf stand nur am Anfang einer beispielhaften Karriere, die aus einem einfachen Hirtenjungen schließlich den König des Reichs Israel machte.

Nach wechselhaften Zeiten, in denen David teils als der Günstling des wankelmütigen Königs Sauls erscheint, in denen dieser aber auch mehrfach aus Neid versucht, den jungen Helden zu töten, wurde David selbst zum König gesalbt. König Saul war zuvor zusammen mit seinem Sohn und potenziellen Thronfolger Jonatan wiederum in einem Kampf gegen die Philister gefallen.

David erwies sich bald als geschickter Politiker und erfolgreicher Stratege. Er vereinigte das Nord- und das Südreich mit Jerusalem als neuer Hauptstadt. Gleichzeitig machte er die Stadt zu einem religiösen Zentrum, indem er die bisher im Ort Silo aufbewahrte Bundeslade dorthin holte. Mit einer Reihe von Kriegen schuf David schnell ein großes Reich, das nach biblischen Berichten von Damaskus im Norden bis zum Roten Meer im Süden gereicht haben soll. Unabhängige Belege für diese Angaben fehlen indes.

David war jedoch nicht nur ein taktisch geschickter Politiker, er war auch sonst ein Mann voller Leidenschaft: für Frauen beispielsweise.

Es ist anzunehmen, dass er einige Affären hatte, deren verhängnisvollste fügte seinem Ruf jedoch so tiefe Schrammen zu, dass sie bis heute deutlich sichtbar sind. Begonnen hatte al-

les damit, dass David vom Dach seines Palastes aus eine Frau im Hof des benachbarten Hauses beobachtete, die in paradiesischer Nacktheit badete. Es war Batseba, ausgerechnet die schöne Ehefrau eines seiner Söldner, des Hetiters Urija.
Erkennbar nicht immer nur durch seinen Kopf gesteuert, nutzte David die Gelegenheit skrupellos aus, dass Urija gerade an einer fernen Front für ihn kämpfte. Er holte sich Batseba in sein Bett und schwängerte sie im weiteren Verlauf der Geschichte. Um seine Vaterschaft zu vertuschen, beorderte er nun Urija umgehend zurück und versuchte ihn dazu zu überreden, zur Entspannung einmal wieder eine Nacht mit seiner Frau zu verbringen. Offensichtlich hatte er damit aber das Pflichtbewusstsein des Soldaten unterschätzt, denn der antwortete ihm: „Die Männer Israels und Judas stehen im Feld und auch die Bundeslade hat nur ein Zeltdach über sich; mein Befehlshaber Joab und seine Offiziere lagern auf dem bloßen Boden. Und da soll ich nach Hause gehen, essen und trinken und mit meiner Frau schlafen? So gewiss du lebst: Das werde ich nicht tun!“ (2 Samuel 11,11)
Damit hatte er leider quasi sein eigenes Todesurteil unterschrieben. In einem vertraulichen Brief an seinen Feldherrn Joab wies David ihn an, Urija unmittelbar an die Front zu schicken. Und nicht nur das, er forderte arglistig: „Stellt Urija in die vorderste Linie, wo der Kampf am härtesten ist! Dann zieht euch plötzlich von ihm zurück, sodass er erschlagen wird und den Tod findet.“ (2 Samuel 11,15) Der Plan ging auf, und im Ergebnis kam es nach einer kurzen Trauerzeit in Davids Palast zur zweiten Hochzeit des Herrschers.
Davids Heimtücke sollte allerdings nicht ohne Folgen bleiben. Sein mörderischer Mangel an Moral erzürnte seinen Gott so sehr, dass er als Strafe für David dessen ersten Sohn aus der Verbindung mit Batseba unmittelbar nach der Geburt sterben

ließ. Erst sein Zweitgeborener, der spätere König Salomo, fand wieder göttliches Wohlwollen.
Der weltweit als Symbol des Judentums bekannte Davidstern geht übrigens nicht auf den Herrscher David zurück. Er tauchte – lange nach David – erstmals vor rund 1800 Jahren auf der Synagoge in Kafarnaum auf. Sein genauer Ursprung ist ebenso unklar wie seine exakte Bedeutung. Mit Religion im engeren Sinne hat sie vermutlich nichts zu tun.

Delila

Mit dem Namen dieser Frau aus dem mit den Juden verfeindeten Stamm der Philister ist es ähnlich schwierig wie mit dem ihres – jüdischen – Mannes. Ist bei dem unentschieden, ob er Samson oder Simson genannt werden sollte, so ist bei ihr die Frage offen, ob ihr Name Dalila oder Delila lautet. Auch die Bedeutung ihres Namens ist unklar: Er könnte sich ebenso aus dem Hebräischen ableiten und etwa „die Kleine“ bedeuten wie er aus dem Arabischen kommen könnte, wo er dann in einem engen Zusammenhang mit Worten wie Kokettieren oder Flirten stünde.
Zu Delilas im alttestamentlichen Buch der Richter erzählter Lebensgeschichte passt beides sehr wohl, denn ihr gelang es mit anscheinend nicht geringen Verführungskünsten, den übermenschlich kraftvollen Kämpfer Simson für sich zu gewinnen. Mag der diese Liebschaft auch zunächst mit allen Sinnen genossen haben, letztendlich führte sie ihn ins Verderben. Delila agierte nämlich wie eine geübte Doppelagentin: Simson spielte sie Liebe vor, ließ sich andererseits von den Fürsten der Philister aber ausgesprochen großzügig dafür bezahlen, ihren Liebhaber zu verraten und ihm das Geheimnis seiner Kraft zu entlocken.

Dreimal misslang ihr das, weil Simson sie unerwartet schlau an ihrer vermutlich hübschen Nase herumführte und ihr ein falsches Stärkungsmittel nannte. Dann griff sie zu den Waffen, die so mancher Frau neben ihrer Schönheit auch noch zu Gebote zu stehen scheinen: „Täglich setzte sie ihm mit ihren Vorwürfen zu und quälte ihn so, dass ihm das ganze Leben verleidet war." (Richter 16,16) Wahrscheinlich, um endlich wieder seine Ruhe zu haben, wurde der starke Simson nun doch noch schwach, in jeder Beziehung. Er verriet Delila, dass es das seit seiner Geburt ungebremste Wachstum seiner Haare war, das ihn stark machte. Sie rief die Philister, die kamen, schnitten ihm in seinem offensichtlich tiefen Schlaf seine sieben Locken ab und es war vorbei mit seiner Stärke und Herrlichkeit.
Der Rest der Geschichte ist schnell erzählt, ein echtes Happy End bleibt dabei jedoch aus. Simson wurde von den Philistern geblendet und in Ketten nach Gaza gebracht, wo er in der Gefangenschaft Zwangsarbeit zu leisten hatte. Da seine Kerkermeister jedoch nicht bedacht hatten, dass mit seinen nachwachsenden Haaren auch seine Kraft zurückkam, nahte für ihn die Stunde der Rache. Als Fürsten und Volk von Gaza sich am Leid des nur vermeintlich ehemals starken Riesen ergötzen wollten, brachte der mit neuer Stärke das Haus zum Einsturz, in das er gebracht worden war: „So riss Simson mehr Philister mit sich in den Tod, als er während seines ganzen Lebens umgebracht hatte." (Richter 16,30)
Ob die treulose Delila ebenfalls unter diesen Toten war, bleibt im Unklaren. Die Chronisten des Buches der Richter verlieren nach Simsons Gefangennahme jegliches Interesse an ihr, und so bleibt es jedem selbst überlassen, ob er sich für sie lieber einen schnellen Tod oder lieber ein langes Leben mit dem Lohn ihres Verrates vorstellt.

Dreifaltigkeit

Wenn katholische Christen beten, beginnen und beenden sie ihr Zwiegespräch mit Gott oft mit einer auffälligen Bewegung ihres rechten Armes: Sie berühren mit ihrer rechten Hand zunächst ihre Stirn, führen sie dann zu einem zentralen Punkt auf der Brust knapp unterhalb ihres Herzens, um abschließend ihre linke und rechte Schulter zu berühren. Dazu sprechen – oder denken – sie die Worte: „Im Namen des Vaters – und des Sohnes – und des Heiligen Geistes. Amen." Die orthodoxen Kirchen kennen diese Geste ebenfalls, und auch Protestanten ist sie nicht fremd, obwohl sie für sie meist nicht dieselbe Wichtigkeit besitzt wie für ihre katholischen Glaubensbrüder und -schwestern.

Was auf den ersten Blick nur wie ein Stück braver christlicher Folklore aussieht, birgt in sich allerdings einigen Sprengstoff. Das sogenannte „Kreuzzeichen" führt nämlich direkt ins Zentrum christlichen Glaubens, zur für die meisten Menschen zunächst einmal völlig mehr als nur geheimnisvollen Vorstellung, der christliche Gott sei ein Gott in drei Personen. Vor allem Muslime werfen dem Christentum angesichts dieser Sichtweise vor, hinter der klaren Fassade mit nur einem einzigen Gott in Wahrheit eine polytheistische Religion, also eine Religion mit mehreren Göttern, zu sein.

Die Lehre von der Dreifaltigkeit Gottes, die auch Dreieinigkeit oder Trinität genannt wird, stellt in der Tat eines der wohl kompliziertesten Gedankengebäude des Christentums dar. Überdies können es sich ihre theologischen Verfechter nicht so leicht machen wie die Lehrer anderer fundamentaler Sätze des Christentums, denn was die Dreifaltigkeit ist – und ob es sie überhaupt gibt – lässt sich nicht ohne Weiteres und ganz ohne Zweifel aus der Bibel herauslesen.

In ihrem Kern besagt die Auffassung von der Dreifaltigkeit Gottes, dass dieser Gott aus drei unterscheidbaren Personen besteht, die in ihrem Wesen aber dennoch eins sind: Vater, Sohn und der – oft als Taube oder in Form flammender Feuerzungen dargestellte – Heilige Geist. Erwähnung im Neuen Testament findet diese Dreifaltigkeit beispielsweise in der berühmten Taufformel am Ende des Matthäusevangeliums: „Darum geht und macht alle Völker zu meinen Jüngern; tauft sie auf den Namen des Vaters und des Sohnes und des Heiligen Geistes und lehrt sie, alles zu befolgen, was ich euch geboten habe. Und siehe, ich bin mit euch alle Tage bis zum Ende der Welt." (Matthäus 28,19 f)

Klar und eindeutig? Leider nein, denn darum, wie dieser dreifaltige Gott mit sich selbst umgehen könnte und darum, ob es sich hier überhaupt um drei gleiche und gleichberechtigte Persönlichkeiten handelt, gab es bald Streit. Ist nicht ein Sohn notwendig eine Person, die erst nach dem Vater in ihr Dasein tritt? Ist ein Geist, der von einem Gott ausgeht, nicht nur eine Art hochrangiger Bote, der den Menschen den Willen dieses Gottes verkündet? Und sind diese drei göttlichen Wesenheiten überhaupt unabhängig voneinander denkbar?

Um hier der christlichen Vorstellungskraft etwas auf die Sprünge zu helfen, haben Theologen und Kirchenlehrer seit je zu Vergleichen und Analogien gegriffen. Danach kann die Dreifaltigkeit beispielsweise gesehen werden wie drei sehr nahe beieinander stehende Kerzen, die mit einer einzigen Flamme brennen. Für eher naturwissenschaftlich als philosophisch ausgerichtete Gläubige griff die Kirche auch zu einer Analogie aus der Mathematik, indem sie als Denkhilfe die Gleichung 1 x 1 x 1 = 1 präsentierte.

Dass damit jedoch nur vordergründig Orientierung geschaffen werden konnte, war den Kirchenvätern durchaus bewusst. Der

Philosoph und Theologe Augustinus, sicher einer der größten Denker des christlichen Altertums, fasste sein Unwissen gegenüber der wahren Natur Gottes in seinen „Confessiones" deshalb schon um das Jahr 400 in den resignativen Stoßseufzer: „Wer wäre so vermessen, es mit menschlichen Worten zu sagen?"
Versucht wurde es trotzdem, allerdings mit eher negativen Folgen. Als beispielsweise das vom römischen Kaiser Konstantin I. im Jahr 325 einberufene Konzil von Nicäa festlegte, der Sohn Gottes sei „eines Wesens" mit seinem Vater, brach der Streit erst richtig los, denn nun wurde in einer folgenreichen Auseinandersetzung nicht zuletzt zwischen östlicher und westlicher Kirche um die Frage gerungen, wie denn der Heilige Geist auch noch in dieses Bild passen könnte.
Insgesamt ist die Lehre von der Dreifaltigkeit eines der großen christlichen Mysterien, dessen ganze Tiefe auch von Theologen nicht auszuloten ist. Mit mehr Gelassenheit als im frühen Christentum räumen sie mittlerweile allerdings ein, dass die Frage nach dem Wesen Gottes mit den Mitteln des menschlichen Verstandes nicht beantwortet werden kann. Die „Wesenheit Gottes" muss für Menschen notwendig immer undurchschaubar und unerklärbar bleiben.
Grund für Verzweiflung ist das indessen nicht, denn Trost kommt in dieser Situation sogar von vielleicht unerwarteter Seite. Ausgerechnet der jüdische Historiker Michael Wolfssohn rückt die Maßstäbe zurecht, wenn er sagt: „Es ist völlig irrelevant zu fragen: Ist nun Gott männlich oder weiblich? Er ist alles. Er ist sowohl männlich als auch weiblich. Er ist Singular und er ist Plural. Das ist doch der Grundgedanke dieser Trinität."
Der dreifaltige Gott: Das lässt sich also allenfalls glauben, aber niemals erklären. Gerade deshalb könnte diese Vorstellung

aber ein wunderbares Bild dafür sein, dass Einheit in der Vielheit möglich ist. Für die Welt von heute nicht unbedingt die schlechteste Idee …

Ehe

Es mag überraschend klingen, aber im Alten Testament findet sich kein Beleg dafür, dass allein die eheliche Beziehung zwischen einem einzigen Mann und einer einzigen Frau dem Willen Gottes entsprechen könnte. Im Gegenteil, wenigstens die frühen Texte der Bibel deuten darauf hin, dass die Vielehe die gesellschaftliche Regel ist. Zwar finden sich hier auch Beispiele für monogame Beziehungen – so nahmen offensichtlich Noach und seine Söhne nur jeweils eine Ehefrau mit auf die Arche –, doch scheint diese Art der Beschränkung nicht der Normalfall gewesen zu sein. Die biblischen Stammväter liebten es, ihr Sexualleben eher frei zu gestalten. Dem Alten Testament scheint Strenge bei der Gemeinschaft von Tisch und Bett sogar so fremd zu sein, dass es nicht einmal ein Wort für die Institution „Ehe“ kennt.

Durchschnittliche biblische Patriarchen geboten durchaus über „Harems“ von mehreren Frauen, auch wenn sie es in der Regel nicht ganz so wild trieben wie König Salomo, bei dem das Alte Testament rund siebenhundert fürstliche Frauen und dreihundert Nebenfrauen bilanziert. Auf große göttliche Gegenliebe dürfte dieser Drang zu Gedränge im Schlafzimmer vermutlich nicht gestoßen sein, denn in den mosaischen Gesetzen findet sich ein vielsagendes Verbot: „Der König soll auch nicht zu viele Frauen haben, damit sie sein Herz nicht vom

Herrn abwenden, und er soll nicht große Schätze von Gold und Silber anhäufen.“ (Deuteronomium 17,17)

Ein biblisches Plädoyer für die eine oder andere Eheform lässt sich aber trotzdem keineswegs erkennen. Dass sich die christliche Gesellschaft in Richtung auf eine Monogamie entwickelte, kann deshalb auch nicht aus einem göttlichen Gebot heraus erklärt werden. Dem Herrn im Himmel scheint die Belegung der irdischen Betten weitgehend gleichgültig zu sein: Allenfalls der Respekt vor dem jeweils anderen wird von ihm verlangt, und auf körperliche und geistige Unversehrtheit legt er in der Sexualität ebenso Wert wie in allen anderen Bereichen des menschlichen Zusammenlebens.

Gilt diese Offenheit auch für eine mögliche Scheidung? Darüber herrscht unter Theologen keine Einigkeit. Bereits zu Zeiten der Apostel wurde über diese Frage lebhaft diskutiert. Den Eckpunkt der Diskussion hatte dabei Jesus selbst gesetzt. In seiner Bergpredigt hatte er ausgehend von der traditionellen jüdischen Position nämlich ein strenges Gebot erlassen, das aus einer einmal geschlossenen Ehe kaum noch einen Ausweg zu lassen schien: „Bisher hieß es: ‚Wer sich von seiner Frau trennen will, muss ihr eine Scheidungsurkunde ausstellen.‘ Ich aber sage euch: Wer sich von seiner Frau trennt, außer sie hat ihrerseits die Ehe gebrochen, der treibt sie in den Ehebruch. Und wer eine Geschiedene heiratet, wird zum Ehebrecher.“ (Matthäus 5,31 f) Hat Jesus sich hiermit nicht uneingeschränkt gegen eine Scheidung ausgesprochen, wie sie im Judentum seiner Zeit nicht selten war?

Das muss so nicht sein, meinen viele Theologen heute. Nach ihrer Auffassung wollte Jesus mit seinem Scheidungsverbot nur eindeutig Stellung gegen das jüdische Scheidungsrecht beziehen, das männlicher Willkür Tür und Tor öffnete. Diese an sich fortschrittliche Absicht barg für die Frauen jedoch auch

deutliche Nachteile: Zwar konnte ihr Mann sie nun nicht mehr nach persönlichem Gutdünken entlassen, andererseits waren die beiden auf Gedeih und Verderb aneinander gekettet.
Viele Theologen gehen inzwischen deshalb davon aus, dass eine solche Zwangsverbindung Jesus fern lag. Statt Menschen neu zu knechten, wollte er ihnen doch stets eher in von Gott übertragener Verantwortung und in Anerkennung ihres Gewissens neue Freiheiten schenken. Diese Wissenschaftler gehen deshalb auf die grundlegende Forderung Jesu zurück, was Gott verbunden habe, das solle der Mensch nicht trennen (vgl. Matthäus 19,6), und vor diesem Hintergrund erscheint ihnen Jesu Forderung, am Bestand einer Ehe festzuhalten, dann weniger als ein unbedingtes Gesetz und mehr dafür als ein eindringlicher Appell. Jesus hätte danach nicht gemeint, dass Mann und Frau sich nicht trennen *könnten*, sondern dass sie sich nicht trennen *sollten*. Auch sein berühmter Satz „Seid also vollkommen, wie euer himmlischer Vater vollkommen ist!“ (Matthäus 5,48) ist schließlich eher ein Wunsch als eine bindende Verpflichtung.

Engel

Engel haben oft ziemlich unter dem Bild zu leiden, das wir Menschen uns von ihnen gemacht haben. Wer sich unter ihnen nämlich jene pausbäckigen Kindlein mit putzigen Stummelflügeln vorstellt, als die sie sich vornehmlich in Gemälden und Kirchen des Barock tummeln, geht in die Irre. Engel, das zeigt schon ihre griechische Bezeichnung „angelos“, d. h. Bote, sind die Gesandten Gottes, die als Mittler zwischen ihm und den Menschen auftreten, und als solche dürften sie nun aber auch überhaupt nichts Niedliches an sich haben.

Ein Engel – in diesem Fall sogar der in der himmlischen Hierarchie besonders hoch stehende „Erzengel“ Gabriel – war es, der Maria von ihrer Erwählung zur Gottesmutter unterrichtete, ein Engel informierte in dessen Traum deren Mann Josef von seinen Aufgaben, und ein weiterer Engel war es, der Maria Magdalena und zwei weiteren Frauen im ansonsten leeren Grab von der Auferstehung Jesu berichtete. Und es lag wohl nicht nur an dieser Botschaft, dass der Auftritt des Boten anscheinend überaus eindrucksvoll geriet: „Zitternd vor Furcht und Entsetzen verließen die Frauen das Grab und liefen davon. Sie hatten solche Angst, dass sie niemandem etwas von dem erzählten, was sie erlebt hatten.“ (Markus 16,8)

Es sollte also niemand verwundern, dass die Bibel in Verbindung mit Engeln auch von „himmlischen Heerscharen“ (Lukas 2,13) spricht. Dickliche Kinder würden hier nun ebenso wenig in die Vorstellung passen wie beim biblisch allerdings nicht näher ausgeführten Höllensturz gegen Gott rebellierender Engel. Auf ihn ist nur durch einen Ausspruch Jesu zu schließen: „Ich sah den Satan wie einen Blitz vom Himmel fallen.“ (Lukas 10,18)

Abseits dieser sich vorwiegend im Jenseits abspielende Geschehnisse hat es eine Gattung von Engeln bei den Menschen zu besonderer Popularität gebracht: die Schutzengel.

Darunter versteht man die himmlischen Wesen, die jedem Menschen persönlich als Beschützer und Beistand zugeordnet sind. Dass es diese tröstlichen Helfer gibt, leiten Christen vor allem aus einer Stelle im Matthäusevangelium ab, in der Jesus speziell zur Achtung und zum Schutz der Kinder aufruft: „Hütet euch davor, auf einen von diesen Kleinen herabzusehen! Denn ich sage euch: Ihre Engel im Himmel haben jederzeit Zugang zu meinem Vater im Himmel.“ (Matthäus 18,10)

Erbsünde

Die Vorstellung einer sogenannten „Erbsünde“ lässt Schlimmes befürchten: Von einer ererbten Sünde zu sprechen klingt verdächtig nach dem Konzept einer ungerechten Sippenhaft, bei der nicht nach persönlicher Schuld gefragt wird, sondern bei dem der Einzelne ohne faire Verhandlung für mögliche Vergehen seiner Angehörigen, seines Stammes oder seiner Religion verantwortlich gemacht wird. Im Nationalsozialismus war eine derartige Kollektivhaftung ein staatliches Terrorinstrument namentlich gegen die jüdische Bevölkerung; es diente ebenso wie in anderen totalitären Regimen aber auch zur Einschüchterung beliebiger politischer Gegner.

Und eine derartig ungerechte Konstruktion soll es auch im Christentum geben? Das klingt zunächst unglaublich, ist aber dennoch so. Zumindest im Prinzip.

Ein wenig Licht ins Dunkel der Idee vom scheinbar seit seinem ersten Atemzug schlechten und bösen Menschen könnte bereits ein Blick auf das Wort selbst bringen. Von einer Erbsünde, also einer ohne persönliche Verfehlung zugewiesenen Schuld, ist im deutschen Sprachraum nämlich erst seit dem 13. Jahrhundert die Rede. Der ursprüngliche lateinische Ausdruck lautet „peccatum originale“, also etwa „ursprüngliche Sünde“, und das erklärt doch schon so manches.

„Ursprünglich“: Das weist doch beispielsweise auf die Herkunft dieser merkwürdigen Sünde hin. Nach christlicher Sichtweise geht sie eindeutig zurück bis zu Adam und Eva und ihr anfangs unbeschwertes Leben im Paradies. Verführt durch den Teufel, der als Schlange auftritt, essen beide jedoch vom verbotenen Baum der Erkenntnis, weil sie Gott gleich werden wollen. Bewusst übertreten sie damit ein striktes göttliches Gebot.

Die erste aller Sünden, die „Ursünde", ist folglich geschehen, Adam und Eva müssen als Konsequenz ihre paradiesische Heimstatt verlassen. Leiden und Tod sind mit der ersten Sünde in die Welt gekommen, die Zeit der Schuldlosigkeit, die es abseits der Theologie allerdings ohnehin nie gegeben haben dürfte, ist vorbei.
Aus dieser Perspektive könnte man den Begriff der Erbsünde in der Tat nun aber verstehen: Die Verfehlung von Adam und Eva hat eine Grundbedingung der menschlichen Existenz geschaffen, unter der jede Generation des Menschengeschlechts seither zu leben und zu leiden hat. Wir Menschen – wer könnte das bestreiten? – existieren nicht mehr im Paradies, sondern im Reich der Sünde. Mit ihr haben wir uns Tag für Tag auseinanderzusetzen, gegen sie müssen wir nicht zuletzt im eigenen Interesse immer wieder kämpfen.
Die Schuld ihrer Erbsünde – oder weniger missverständlich ausgedrückt: die Hypothek der Ursünde – sehen Christen im Übrigen durch die Liebe Jesu Christi getilgt. Der Apostel Paulus, der als großer Systematiker eine komplette Theologie der Sünde entwickelt hat, schreibt dazu in seinem Brief an die Gemeinde in Rom: „Wir stellen also fest: Genauso, wie eine einzige Verfehlung allen Menschen die Verdammnis brachte, bringt eine einzige Tat, die erfüllt hat, was Gottes Gerechtigkeit fordert, allen Menschen den Freispruch und damit das Leben." (Römer 5,18)
Noch immer nicht alles klar? Nicht so schlimm, auch der große Reformator Martin Luther meinte schließlich, die Idee der Erbsünde könne nur geglaubt, nicht aber durch Vernunft erklärt werden.

Erlösung

Was Erlösung angeht, scheint eines in aller Regel festzustehen: Erlösung ist etwas Gutes. Sie lässt an Befreiung denken, an die Beendigung eines Leidenszustands, und in der Tat bezieht der Begriff seine Bedeutung nicht zuletzt ja aus dem antiken Freikauf von Sklaven, bei dem es um die Lösung einer häufig unerträglichen Verbindung ging.

Im Alten Testament stand diese sehr handfeste Bedeutung noch im Vordergrund. Unter Erlösung und Befreiung wurde hier die Errettung des Volkes Israel aus Knechtschaft und Unfreiheit verstanden, zu der sich der jüdische Gott durch den besonderen Bund mit seinem Volk verpflichtet hatte. In einer häufig genug feindlichen Umwelt musste – und muss – es für die Juden unschätzbar sein, wenn ihnen ihr Gott durch seine Propheten versicherte: „Musst du durchs Wasser gehen, so bin ich bei dir; auch in reißenden Strömen wirst du nicht ertrinken. Musst du durchs Feuer gehen, so bleibst du unversehrt; keine Flamme wird dir etwas anhaben können. Denn ich bin der Herr, dein Gott; ich, der heilige Gott Israels, bin dein Retter. (…) Völker gebe ich für dich hin, ja die ganze Welt, weil du mir so viel wert bist und ich dich liebe.“ (Jesaja 43,2 ff)

Außerhalb von Israel und in der heutigen Zeit mag mancher bei dem Wort „Erlösung“ jedoch eher an die Beendigung einer Stresssituation denken, an eine Erlösung von Qual oder Krankheit, im extremen Fall sogar an den Tod als Erlösung. Manch einer fühlt sich eventuell auch durch eine neue Liebe von einer konfliktbelasteten Beziehung erlöst oder sogar nur durch eine unerwartete Straßensperrung vom Lärm vor dem Fenster.

Erlösung ist aber auf jeden Fall gut. Sie wollen wir und nach ihr streben wir.

Weniger populär als temporäre Wellness ist dabei allerdings die eher unverbindlich erscheinende Erlösung von der Sünde und ihren Folgen. Sie meinen viele Menschen nicht zu brauchen, oft vielleicht auch nur deshalb, weil sie nichts mit dem Begriff der Sünde anfangen können oder sie ein möglicher späterer Nachteil in einem noch nicht einmal sicheren Jenseits in ihrem Diesseits nicht über Gebühr belastet. Und doch ist gerade diese himmlische Seligkeit das, was das Christentum als eine der großen „Erlösungsreligionen“ verspricht. Durch den Kreuzestod und die Auferstehung seines Sohnes Jesu Christi hat Gott den Menschen schließlich gewissermaßen die Chance gegeben, endlich so zu werden, wie er sie ursprünglich gemeint hat. In seinem Brief an die sogenannten Kolosser, also die Mitglieder der christlichen Gemeinde im kleinen Kolossai bei Ephesus, fasst der Apostel Paulus dies in die klaren Worte: „Durch ihn, Jesus Christus, sind wir erlöst; durch ihn sind uns unsere Sünden vergeben.“ (Kolosser 1,14)

Ein Automatismus ist damit allerdings nicht verbunden. Der Gewinn der Erlösung kann auch wieder verspielt werden, wie der unermüdliche Briefschreiber Paulus dieses Mal an die von ihm selbst gegründete Gemeinde in Ephesus mahnt: „Beleidigt nicht durch euer Verhalten den Heiligen Geist! Er ist wie ein Siegel, das Gott euch aufgedrückt hat, und er verbürgt euch die endgültige Erlösung.“ (Epheser 4,30)

Die Probleme dieser Welt sind für Christen selbst durch das göttliche Versprechen ihrer Erlösung aber natürlich noch nicht verschwunden. Die endgültige Erlösung findet für sie erst in der Zukunft statt, in der Sprache der Bibel ist und bleibt sie eine Verheißung. Auch dazu hat der Apostel Paulus einen Brief geschrieben, Adressat ist dabei nun die Gemeinde in Rom: „Aber auch wir selbst, die doch schon als Anfang des neuen Lebens – gleichsam als Anzahlung – den Heiligen Geist bekommen ha-

ben, stöhnen ebenso in unserem Innern. Denn wir warten sehnsüchtig auf die volle Verwirklichung dessen, was Gott uns als seinen Kindern zugedacht hat: dass unser Leib von der Vergänglichkeit erlöst wird. Wir sind gerettet, aber noch ist alles Hoffnung." (Römer 8,23 f)
In dieser Zukunftsperspektive dürfte für Nichtchristen, aber sogar für viele Christen eines der Haupthindernisse liegen, auf das die Vorstellung der christlichen Erlösung gegenwärtig trifft. In einer Welt, in der die Menschen im Hier und Jetzt nach Glück und Sinn suchen, wird das Versprechen einer fernen Befreiung leicht als Vertröstung empfunden. Wenn Theologen überdies seit den Zeiten des Urchristentums darüber streiten, wie diese Erlösung denn aussehen könnte, weswegen sie entstanden ist, wer sie vermittelt und ob die Menschen womöglich von vornherein für Heil oder Verdammnis „prädestiniert", d. h. vorherbestimmt sind, erleichtert das den Zugang zu einer ohnehin schon schwierigen Vorstellung auch nicht unbedingt.

Eva

Nach der für Juden und für Christen gleichen Schöpfungsgeschichte gehörte Eva zu den ersten Menschen auf der Erde. Ob sie allerdings gleichzeitig mit ihrem Gefährten Adam quasi als Krönung und Abschluss der Erschaffung der Welt ins Paradies gesetzt wurde, wie es das Buch Genesis in seinem ersten Kapitel erzählt, oder ob Eva, wie es im zweiten Kapitel berichtet wird, nachträglich aus einer von Adams Rippen gestaltet wurde, das lässt die Bibel leider unklar: In der Schöpfungsgeschichte finden sich beide Fassungen unverbunden und widersprüchlich hintereinandergestellt.
Wenn man alten hebräischen Legenden glauben will, gibt es

sogar noch eine dritte Variante. Oder vielmehr eine Art Erläuterung zu Fassung Zwei.
Nach diesen jüdischen Überlieferungen schuf Gott aus Lehm zunächst zwei Menschen: Adam und eine gewisse Lilit. Sie war von ihrem Schöpfer als Partnerin ihres Mannes gedacht, der mit dieser gleichberechtigten Rolle aber offensichtlich Schwierigkeiten hatte. Zwischen dem ersten Mann und der ersten Frau entbrannte daher bald Streit um das Sagen in der Beziehung.
Durchsetzen konnte Adam seinen Vormachtwillen jedoch nicht. Lilit verließ im Zorn sowohl ihn als auch das Paradies überhaupt und schloss sich in der Wüste einem Haufen umherstreifender Dämonen an. Bis heute soll sie von dort aus ihr Unwesen treiben: Sie raubt und tötet Kinder oder verführt nach manchen Legenden auch schlicht Männer, die sie anschließend gern um den Verstand bringt.
Doch zurück ins Paradies: Dort beklagte sich der verlassene Adam schon bald bei seinem Herrn über die Leiden der Einsamkeit, und das Ergebnis ist bekannt: Per Rippenschnitt entstand für ihn die sattsam bekannte Eva als zweite paradiesische Partnerin.
Im Vergleich mit der selbstbewussten Lilit zeigte sie sich offenbar fügsamer – oder Adam hatte zwischenzeitlich etwas von seinem patriarchalischen Gebaren abgelegt. Ein dauerhaftes Happy End gab es für das Menschengeschlecht aber dennoch nicht. Verführt vom als Schlange auftretenden Teufel griff Eva gegen göttliches Gebot in den Baum der Erkenntnis: „Die Frau sah den Baum an: Seine Früchte mussten köstlich schmecken, sie anzusehen war eine Augenweide und es war verlockend, dass man davon klug werden sollte! Sie nahm von den Früchten und aß. Dann gab sie auch ihrem Mann davon und er aß ebenso.“ (Genesis 3,6)

Was folgte, war eine lächerliche Farce, bei der weder Adam noch Eva für ihre Taten Verantwortung übernehmen wollten und alle Schuld für ihren paradiesischen Missgriff weit von sich wiesen. Statt auf die Güte seines Gottes zu vertrauen und sich zu bekennen, war es zunächst Adam, der wie ein unreifes Kleinkind auf Eva zeigte: „Die Frau, die du mir an die Seite gestellt hast, gab mir davon; da habe ich gegessen.“ (Genesis 3,12)
Eva reagierte ebenso kindlich wie Adam. Sie beschuldigte zwar nicht ihren Mann, aber sie stritt jede Verantwortung ebenfalls ab: „Die Schlange ist schuld, sie hat mich zum Essen verführt!“ (Genesis 3,13)
Die Folgen dieser naiven Schuldweitergabe sind bekannt: Adam und Eva mussten den Garten Eden verlassen. Das Leben der Menschen ist seitdem nur noch in Ausnahmemomenten paradiesisch.
Und Lilit? Auch die dürfte es nicht besonders gut getroffen haben. Was der Prophet Jesaja über die in der Schöpfungsgeschichte Unerwähnte berichtet, klingt jedenfalls nicht unbedingt wie das Ende einer erfüllten und erfolgreichen Lebensgeschichte. Im Rahmen seiner Vision über ein Strafgericht Gottes malt er für sie einen besonders unwirtlichen Ort aus: „Da werden Wüstentiere und wilde Hunde einander treffen, und ein Bocksgeist wird dem andern begegnen. Auch Lilit wird dort hausen und ihre Stätte finden.“ (Jesaja 34,14)

Evangelium

Die Evangelien sind die ersten vier Bücher des Neuen Testaments. Das Wort „Evangelium“ selbst kommt aus dem Griechischen, es bedeutet „gute Nachricht“ oder „frohe Botschaft“ und zeigt mit diesem Namen bereits ziemlich genau an, worum es in den Texten geht und wozu sie dienen sollen.
Für Christen sind die biblischen Evangelien nämlich Aufzeichnungen, die ihnen als Heilsbotschaften vom Leben, dem Tod und der Auferstehung Jesu berichten und ihnen überdies einen Ausblick auf Gottes kommende Herrschaft und die himmlische Herrlichkeit erlauben. Sie sind damit von zentraler Bedeutung für das Christentum, denn sie bilden das nahezu einzige Zeugnis für das Wirken Jesu auf der Erde.
Die in die Bibel aufgenommenen und damit allgemein anerkannten Evangelien lassen sich nach ihren Verfassern unterscheiden. So gibt es – in der zeitlichen Reihenfolge ihrer Niederschrift – das Markusevangelium, das Matthäusevangelium, das Lukasevangelium und das Johannesevangelium. Bildlich ist jedem der Evangelisten ein Symbol zugeordnet: Markus ein Löwe, Matthäus ein Mensch, Lukas ein Stier und Johannes ein Adler.
Anders, als es nach den vielen detailreichen Szenen und den im Wortlaut angegebenen Dialogen aussehen könnte, sind die Evangelien allerdings keine zeitgleich mit seinem Leben entstandenen Reportagen über das Wirken des Stifters der christlichen Religion. Die Vorstellung, der Messias der Christenheit sei während seines irdischen Wirkens stets von einer Gruppe aufmerksamer Stenografen oder aufnahmebereiter Geschichtsschreiber umgeben gewesen, geht in die Irre. Alle vier Evangelien sind erst mehrere Jahrzehnte nach dem Tod Jesu verfasst worden.

Zur Beruhigung der einen, die darin einen Beleg sehen, dass die berichteten Ereignisse tatsächlich stattgefunden haben, wie zur Beunruhigung der anderen, die darin eine manipulatorische Absicht vermuten, gibt es bei den Evangelien überdies viele textliche Gemeinsamkeiten. Bei Markus, Matthäus und Lukas sind sie sogar so groß, dass Fachleute von den drei sogenannten „synoptischen Evangelien“ sprechen. In manchen Abschnitten stimmen diese Berichte ungefähr zur Hälfte der Worte überein, zum Evangelisten Johannes, der inhaltlich andere Schwerpunkte setzt, ergibt sich dagegen nur eine Übereinstimmung von rund zehn Prozent. Die synoptischen Evangelien sind außerdem in ihrem Aufbau sehr ähnlich, und fast der gesamte Markustext ist im Bericht des Matthäus enthalten, immerhin zwei Drittel finden sich auch bei Lukas.
Wie diese Gemeinsamkeiten zu erklären sind, haben Bibelwissenschaft wie kirchliches Fußvolk seit je beschäftigt. Das sogenannte „synoptische Problem“ konnte trotzdem bisher nicht gelöst werden. Zum einen galt es unter frühen Christen nicht als Fall geistigen Diebstahls, wenn man voneinander abschrieb; Manuskripte von Hand zu kopieren war schließlich auch die einzige Möglichkeit, sie weiter zu verbreiten. Zum anderen ist es aber ebenso denkbar, dass die Evangelisten sich aus einer heute verschollenen umfangreichen Sammlung von Jesusworten bedienen konnten, die sie für die Abfassung ihrer Texte nutzten. Die Bibelwissenschaft kennt diesen Zitatenschatz als sogenannte „Logienquelle Q“. Diese geheimnisvolle Niederschrift, deren nur aus einem einzigen Buchstaben gebildeter Name übrigens vom deutschen Wort „Quelle“ abgeleitet wurde, blieb bis heute allerdings leider unentdeckt. Ihre mögliche Existenz wurde nur indirekt aus den zahllosen Textgleichheiten geschlossen, selbst schöpfen konnte aus dieser Q-Quelle noch niemand.

Neben den in den sogenannten „Bibelkanon“ – so nennt man die offiziell zur Bibel gehörenden Schriften – aufgenommenen Texten der vier quasi „offiziellen“ Evangelisten gibt es zusätzlich noch weitere bekannte Evangelien. Zu diesen „apokryphen“, d. h. verborgenen oder dunklen Evangelien gehören beispielsweise das Thomasevangelium, eine 1945 im oberägyptischen Nag Hammadi von Grabräubern entdeckte Sammlung von angeblichen Aussprüchen Jesu und kurzen Szenen aus seinem Leben, das „Protoevangelium des Jakobus“, das ausführlich über Maria als Mutter Jesu berichtet, oder das Petrusevangelium, das sich vorwiegend mit dem Tod und der Auferstehung Jesu Christi befasst.

Fegefeuer

Das Fegefeuer – wenn es denn überhaupt existiert – ist eine himmlische Einrichtung, in der nach dem Tod eines Menschen seine für eine Aufnahme in das Paradies noch nicht ganz fitte Seele quasi durch Ausglühen gereinigt und für die ewige Seligkeit aufgearbeitet wird. Nach dieser Annahme quasi einer „zweiten Chance" kann es durchaus helfen, wenn die noch Lebenden für die bereits Verstorbenen beten, um die für sie qualvolle Zeit im sogenannten „Purgatorium" zu verkürzen.

Die Existenz eines solchen Fegefeuers, dessen deutscher Name sich übrigens vom Mittelhochdeutschen „vegen", d. h. reinigen, ableitet, wird durch die Bibel allerdings nicht eindeutig belegt: Darauf, dass es im Himmel lodert, lässt sich allenfalls indirekt schließen. Der Apostel Paulus wird hier gern als Zeuge herangezogen.

In seinem ersten Brief an die noch junge und offensichtlich recht streitbare Gemeinde im griechischen Korinth weist Paulus seine Glaubensbrüder und-schwestern beispielsweise darauf hin, dass unbereutes Fehlverhalten im Diesseits unabwendbar Konsequenzen im Jenseits nach sich zieht. Mit der Strenge eines Schulmeisters gegenüber seinen ungehörigen Schülern schreibt er: „Wie das Werk eines jeden beschaffen ist, wird das Feuer prüfen. Hält das Werk stand, das er aufgebaut hat, so empfängt er Lohn. Brennt es nieder, dann muss er den Verlust

tragen. Er selbst aber wird gerettet werden, doch so wie durch Feuer hindurch.“ (1 Korinther 3,13–15)
Während konservative Katholiken ebenso wie die traditionelle Volksfrömmigkeit den himmlischen Läuterungsofen mit diesen Sätzen unzweifelhaft angeheizt sehen, reichen reformatorischen wie orthodoxen Theologen derartige Indizienbeweise nicht aus.
Obwohl es nicht nur für sie unmöglich ist zu sagen, wo und wie denn eigentlich die Seelen zwischen dem Tod eines Menschen und dem Jüngstem Gericht untergebracht sein könnten, bestreiten diese Wissenschaftler die Existenz der reinigenden Feuer. Nach evangelischer Lehre wird das Verhältnis zwischen Gott und den Menschen allein schon durch deren Glauben an den sühnenden Kreuzestod Christi wieder in Ordnung gebracht; ein Gang durch ein wie auch immer aussehendes Feuer ist daher unnötig. Der um ein offenes Wort nie verlegene Reformator Martin Luther konnte so in seinen „Schmalkaldischen Artikeln“ von 1537 schreiben: „Drumb ist Fegfeur … fur ein lauter Teufelsgespenst zu achten.“
Auch die neuere katholische Theologie hat mit dem Fegefeuer inzwischen so ihre Schwierigkeiten: Sie lehnt die traditionellen Vorstellungen von lodernden Flammen und unter Schmerzen leidenden „armen Seelen“ als zumindest missverständlich ab und spricht stattdessen lieber etwas farb- und fantasielos von einem „Reinigungszustand“ oder – wie zuletzt Papst Benedikt XVI. in seiner Enzyklika *Spe salvi* von einem „seligen Schmerz, in dem die heilige Macht der Liebe Jesu Christi uns brennend durchdringt“.
Doch gleich, ob nun reinigendes Feuer oder reinigender Zustand: Sich hier auf der Erde bereits Gedanken darüber zu machen, wie lange und wo wir denn im Jenseits geprüft, gereinigt oder geläutert werden könnten, dürfte absolut verfrüht sein. Zeit, wie wir sie in der Gegenwart erleben, ist an unser irdi-

sches Diesseits gebunden. Im Jenseits, so darf vermutet werden, gelten andere Maßstäbe: Eine Ewigkeit lässt sich nicht aus der bloßen Addition von Jahren oder Jahrhunderten berechnen. Ebenso wenig können wir mit unseren menschlichen Vorstellungen auch einen Ort dafür nennen, wo wir sie denn dereinst verbringen werden.

Fronleichnam

Der Name dieses katholischen Festes, das immer am zweiten Donnerstag nach Pfingsten gefeiert wird, dürfte von allen christlichen Feiertagsnamen wohl derjenige sein, der am meisten zu Missdeutungen Anlass gibt. Obwohl es sich bei Fronleichnam nämlich durchaus um ein heiteres Fest handelt, hat sein Name dennoch nichts mit Frohsinn zu tun. Die Bezeichnung geht vielmehr auf die mittelhochdeutschen Ausdrücke „fron" (zum Herrn gehörend) und „liknam" (Leib) zurück, und deutet damit schon auf den offiziellen Namen dieses Feiertags hin: Hochfest des Leibes und Blutes Christi. In anderen Sprachen drückt sich das sehr viel weniger missverständlich aus: In Italien heißt das Fest „Corpus Domini" und in Spanien, Portugal oder England „Corpus Christi", also „Leib des Herrn" oder „Leib Christi".

Traditionell feiern Katholiken Fronleichnam mit großen und oft höchst prachtvollen Prozessionen, bei denen Straßen oder Plätze oft mit aufwändigen Blumenteppichen geschmückt werden. Mit diesen gottesdienstlichen Umzügen soll der Einsetzung des Altarssakramentes (Abendmahl, heilige Kommunion) am Gründonnerstag gedacht werden. Während sich an jenem Tag wegen des auf Trauer ausgerichteten Charakters der Karwoche jedoch lautes Feiern verbietet, gilt diese Zurückhaltung am Fronleichnamstag nicht.

Gebet

Eigentlich ist die Sache bei diesem Stichwort ganz einfach: Ein Gebet ist ein Gespräch mit Gott. Punkt.
Da Gott offensichtlich alle Sprachen spricht, finden sich Gebete in allen Religionen und Kulturen. Manchmal sind sie sehr persönlich wie ein Gespräch zwischen Vater und Kind oder eine Aussprache unter Freunden, manchmal dienen sie – in einer großen Gruppe gesprochen – eher dem Gemeinschaftsgefühl, manchmal drücken sie Freude aus, manchmal sind sie ein Schrei nach Hilfe, manchmal sind sie kurz, manchmal scheinen die Betenden kein Ende zu finden.
Christen können sich bei ihren Gebeten auf eine lange Tradition berufen. Schon im Alten Testament gibt es viele direkte Gespräche mit Gott, bei denen er nach den biblischen Texten oft auch ebenso direkt antwortet. Überdies finden sich hier mit den Psalmen wohl einige der schönsten und intensivsten Gebetstexte überhaupt. Unterwürfigkeit ist dabei keineswegs gefordert, eher spricht ein tiefes Vertrauen aus den uralten Versen: „Antworte mir, wenn ich rufe! Mein Gott, du hältst doch zu mir! Als ich vor Enge kaum noch atmen konnte, hast du mich in die Freiheit geführt. Darum habe auch jetzt Erbarmen mit mir, höre mich, wenn ich zu dir schreie, höre auf mein Gebet!“ (Psalm 4,2) Die so ausgedrückten Gefühle sind für Gläubige auch heute noch alles andere als überholt. Nicht umsonst haben die Psalmen deswegen Eingang

in die christliche Liturgie gefunden. Dort können ihre Worte als Ausdruck der Freude ebenso dienen wie als Trost in großer Trauer.
Selbstverständlich wird auch im Neuen Testament gebetet, und hier können sich Christen sogar auf Jesus Christus selbst berufen, der sie das zentrale Gebet ihrer Religion höchstpersönlich gelehrt hat: das „Vater unser“, das mit seinen sieben Fürbitten sehr konkret die Ängste, Sorgen und Hoffnungen der Menschen anspricht. Jesus plädiert in seiner Einführung für dieses am häufigsten gesprochene Gebet der Christenheit für die intime Zwiesprache mit Gott. Wie es unter anderem auch der römische Philosoph Seneca aus nicht-christlicher Sicht schonungslos kritisiert hat, lehnt er es ab, das göttliche Gegenüber des Beters durch die schiere Menge der gesprochenen Worte zu überreden und letzthin – so Seneca – zu „ermüden“. Er will eine tiefe Beziehung im Gespräch mit Gott, kein flaches Verhältnis: „Wenn ihr betet, dann leiert nicht Gebetsworte herunter wie die Heiden. Sie meinen, sie könnten bei Gott etwas erreichen, wenn sie viele Worte machen. Ihr sollt es anders halten. Euer Vater weiß, was ihr braucht, bevor ihr ihn bittet.“ (Matthäus 6,7 f)
Diese Zusage väterlicher Liebe sollte allerdings nicht dazu verführen, Gebete als gewissermaßen transzendentale Wunschzettel misszuverstehen und zu missbrauchen. Auch wenn, wie Christen glauben, Gott immer das Wohl seiner irdischen Kinder vor Augen hat, bedeutet das noch lange nicht, dass er deren Wünsche und Bitten auch immer und sofort bruchlos umsetzen muss. Gottes Orientierung am menschlichen Wohl kann durchaus auch andere Formen annehmen, als sich das die Bittenden vorgestellt hatten.
Gott nimmt in Gebeten keine Aufträge entgegen, das legt nicht zuletzt auch das „Vater unser“ nahe. Dessen deutliche Bitte

„Dein Wille geschehe“ ist schließlich eher der Ausdruck von Vertrauen auf die guten Absichten Gottes als die Grundlage einer Anspruchshaltung, die mehr mit Magie als mit Religion zu tun hat.

Gründonnerstag

Der Gründonnerstag ist der letzte Donnerstag vor Ostern und einer der wichtigsten Tage der christlichen Karwoche. Obwohl er in der Regel mitten in den beginnenden Frühling fällt, hat er mit der Farbe Grün nicht das Mindeste zu tun. Sein Name leitet sich vielmehr vom mittelalterlichen Wort „greinen“ ab. Es bedeutet so viel wie klagen oder trauern und weist damit darauf hin, dass mit diesem Tag die Zeit des klagenden Gedenkens an die Leidenszeit Jesu beginnt.
Sowohl Katholiken wie Protestanten begehen den Gründonnerstag als Gedenktag an das letzte Abendmahl Jesu. Er feierte es mit seinen Jüngern vor seiner Verhaftung und Hinrichtung in Jerusalem und trug ihnen dabei als sein Vermächtnis auf, es symbolisch immer wieder regelmäßig zu feiern.
Eigentlich wäre dies zwar ein Anlass zur Freude, der auf Trauer ausgerichtete Charakter der Karwoche verbietet ein heiteres Fest allerdings. In der katholischen Kirche wurde daher im Mittelalter als Ergänzung das Fronleichnamsfest eingeführt, das mit besonderer Prachtentfaltung und öffentlichen Prozessionen der Einsetzung des sogenannten „Altarssakramentes“ gedenkt (s. weiter oben, S. 14 ff, 99).
In vielen katholischen Gemeinden ist der Gründonnerstag auch der Tag, an dem ein ganz besonderer Ritus vollzogen wird, der auf Unbeteiligte etwas kurios wirken kann. In seinem Rahmen wäscht der Priester im Altarraum bis zu zwölf Gemeindeglie-

dern symbolisch die Füße; Papst Franziskus hat für sich sogar die Tradition eingeführt, zwölf Häftlingen eines römischen Gefängnisses die Füße zu waschen.
Dieser Ritus der Fußwaschung erinnert daran, dass auch Jesus beim Letzten Abendmahl seinen Jüngern die Füße wusch und damit das tat, was normalerweise Knechte und Sklaven zu tun hatten. Es ist eine Demutsgeste, die aussagt, dass jedes priesterliche Wirken nicht als Herrschaft, sondern als Dienst aufzufassen ist.

Heilige Drei Könige

Die Bibel hat ganz offensichtlich ein Herz für die kleinen Leute. Und so sind es nach der Geburt Jesu auf einem Feld bei Betlehem denn auch nicht etwa die Herren dieser Welt, die deren Heiland als erste ihre Aufwartung machen, nein, es sind einfache Hirten, die durch einen Engel zur Krippe geführt werden. Die Könige, die kommen – von einem Stern geführt – erst später. Viel, viel später.
Wenn es sie denn überhaupt gegeben hat. Denn obwohl die Geschichte von den Heiligen Drei Königen mit Sicherheit zu den populärsten Erzählungen der Bibel gehört und obwohl das Erscheinen der Männer aus dem „Morgenland" in jedem Jahr von Abertausenden von „Sternsingern" nachgespielt wird: Für die reale Existenz der Heiligen Drei Könige lassen sich kaum Anhaltspunkte finden.
Das fängt schon bei ihrer Berufsbezeichnung an. Je nach Übersetzung wird im zweiten Kapitel des Matthäusevangeliums, der traditionellen Quelle für den hochrangigen Besuch, von Sterndeutern, Weisen oder – in Anlehnung an den griechischen Bibeltext – sogar von Magiern gesprochen; dass sie tatsächlich drei Könige oder sonstige Herrscher waren, steht dort jedoch nirgendwo. Matthäus spricht noch nicht einmal davon, dass es wirklich genau drei Männer waren, die da vor dem Jesuskind auf die Knie fielen. Diese Unsicherheit wird durch alte

Fresken oder Gemälde an den Wänden von Katakomben, Kirchen und Kapellen nicht unbedingt beseitigt: Auch sie legen sich auf keine eindeutige Anzahl der Männer aus dem Morgenland fest. In den bildlichen Darstellungen variiert die huldigende Delegation zwischen zwei und acht Personen.
Aber woher kommt dann die Zahl Drei? Die Erklärung klingt etwas banal, denn ziemlich materialistisch kam man auf diese Zahl vor allem deswegen, weil die Besucher dreierlei höchst wertvolle Geschenke mitbrachten: Gold, Weihrauch und Myrrhe, ein dem Weihrauch ähnliches Harz, das zur Einbalsamierung von Toten ebenso verwendet wurde wie als schmerzstillendes Mittel in der Medizin.
Angesichts von so viel Unsicherheiten erscheint es in der Folge regelrecht merkwürdig, dass ausgerechnet die Namen überliefert sein sollten. Im Matthäusevangelium werden sie jedenfalls an keiner Stelle erwähnt, als Caspar, Melchior und Balthasar tauchen sie in den westlichen Kirchen erst zu Beginn des 6. Jahrhunderts auf.
Doch mögen die Heiligen Drei Könige – ihre Existenz einmal vorausgesetzt – in der Realität nun auch Astrologen, Magier oder schlichte weise Männer gewesen sein, mag es von ihnen zwei, fünf oder neun gegeben haben und mögen sie nach den offiziellen Verfahren der katholischen Kirche auch nie heiliggesprochen worden sein: Reliquien, d. h. kultisch verehrte körperliche Überreste, gibt es von ihnen merkwürdigerweise auf jeden Fall. Sie werden seit Hunderten von Jahren in einem vergoldeten und aufwändig mit Edelsteinen geschmückten Schrein im Kölner Dom aufbewahrt. Der deutsche Kaiser Friedrich Barbarossa hatte sie 1164 dem kölnischen Erzbischof Rainald von Dassel geschenkt, nachdem er – nicht unbedingt sehr christlich – die Stadt Mailand, ihren vorigen Aufbewahrungsort, erobert und weitgehend niedergebrannt hatte.

Die heiligen Knochen waren diese Kämpfe offenbar durchaus wert, denn sie waren für die gläubige Christenheit ein wichtiges Symbol, das sein Besitz selbst den Einsatz von Gewalt lohnte. Ein Ort, an dem bedeutende Reliquien ruhten, war nämlich stets auch eine bedeutende Pilgerstätte, was nicht nur spirituelle Vorteile versprach. Viele Pilger brachten nicht nur viel Geld in die jeweilige Stadt, sie erhöhten zugleich auch die Geltung dessen, der auf kirchlicher oder weltlicher Seite als irdischer Schutzherr der Reliquien wirkte.
Die Heiligen Drei Könige – wenn wir einmal bei dieser traditionellen Bezeichnung bleiben wollen – stehen hier in vorderster Reihe der Verehrung. Ihre Bedeutung liegt darin, dass sie mit ihrer Huldigung des neugeborenen Jesus, mit ihrem Rang und ihrer langen Pilgerfahrt die weltweite Bedeutung der Geschehnisse von Betlehem unterstreichen. Ihre Geschichte soll ein Symbol dafür sein, dass die Welt eine andere geworden ist und dass das kleine Kind auf dem Stroh der Krippe die irdischen Machtverhältnisse auf den Kopf gestellt hat.
Die Heiligen Drei Könige besetzen aber auch bis heute einen festen Platz in der katholischen Volksfrömmigkeit. Ihr Fest, das auch „Erscheinung des Herrn" oder griechisch „Epiphanias" genannt wird, feiert man in den katholischen Gebieten Deutschlands, in der Schweiz und in Österreich am 6. Januar. An diesem Tag ziehen in vielen Regionen als sogenannte „Sternsinger" verkleidete und geschminkte Kinder von Haus zu Haus, singen vor den Türen und sagen kleine Gedichte auf, um sich mit Süßigkeiten beschenken zu lassen oder Geld für wohltätige Zwecke zu sammeln. Bei dieser Gelegenheit schreiben sie zusätzlich mit Kreide die drei Buchstaben CMB und die entsprechende Jahreszahl an den Türbalken, was nach der einen Meinung die Abkürzung für die Namen der Heiligen Drei Könige – Caspar, Melchior und Balthasar – ist, nach ande-

rer Auffassung aber für das lateinische „Christus mansionem benedicat“ steht: „Christus segne dieses Haus.“

Himmelfahrt

Das Fest „Christi Himmelfahrt“ trägt in unseren Breiten auch den Namen Vater- oder Herrentag. Sein Ruf wird vor allem dadurch geprägt bis ruiniert, dass an diesem Tag laut grölende Gruppen von Männern und mittlerweile auch Frauen durch die ergrünende Landschaft ziehen. Sie entledigen sich dabei mitgebrachter Alkoholika oft so lange, bis dieser Alkoholkonsum jeglichem Vorwärtsdrang ein Ende setzt.

Im biblischen Zusammenhang wird mit dem Fest Christi Himmelfahrt, das exakt vierzig Tage nach Ostern am jeweiligen Donnerstag gefeiert wird, eines Ereignisses gedacht, das unter anderem in der Apostelgeschichte geschildert wird.

Nachdem Jesus nach seinem Tod und seiner Auferstehung aus dem Grab über vierzig Tage hinweg seinen Anhängerinnen und Anhängern immer wieder erschienen war und er zu ihnen gepredigt hatte, kündigte er ihnen nun das bevorstehende Herabkommen des Heiligen Geistes zu Pfingsten an. Er versprach ihnen zudem seine eigene Wiederkehr, ließ sie aber in der Frage, wann er denn genau zurückkehren würde, mit fast schroffen Worten im Unklaren: „Euch steht es nicht zu, Zeiten und Fristen zu erfahren, die der Vater in seiner Macht festgesetzt hat.“ (Apostelgeschichte 1,7) Dann wurde er – wie die Bibel sagt – vor ihren Augen emporgehoben, und eine Wolke entzog ihn ihren Blicken.

Diese Himmelfahrt, von der im Lukasevangelium gesagt wird, dass Jesus bei ihr von nicht näher bezeichneten Kräften und auf nicht näher bezeichnete Weise „emporgehoben“ oder „hin-

aufgetragen“ wurde, sollte nicht missverstanden werden als ein nur unerklärliches physikalisches Phänomen, das wegen seiner Unerklärbarkeit ebenso Grund zum Staunen wie zum Glauben gibt.
Hinter „Christi Himmelfahrt“ steht vielmehr ein ganzes theologisches Gedankengebäude. Als Grund für dieses bedeutende Fest reicht es für Christen nicht aus, dass Jesus irgendwie in das bewölkte Blau des Himmels über Israel entschwand. Seine „Himmelfahrt“ gilt Gläubigen stattdessen als ein untrügliches Zeichen dafür, dass sein Sieg über den Tod als endgültig anzusehen ist und dass er seinen Auftrag, eine dauerhafte Versöhnung und damit einen neuen Bund zwischen Gott und den Menschen zu stiften, erfolgreich erfüllt hat. Nun steht ihm nach christlicher Überzeugung der Platz zur Rechten seines göttlichen Vaters zu: Nach uralter Tradition ist ein solcher Platz der Ehrenplatz in jedem Haus und an jedem Königshof.

Hölle

Nach traditionellem christlichen Verständnis ist die Hölle ein Ort unaussprechlicher Qualen, die von den Seelen der schweren Sünder für ihre irdischen Verfehlungen dort auf ewig erlitten werden müssen. Zugefügt werden sie ihnen vom Satan und seinen teuflischen Helfershelfern. Bei ihnen handelt es sich um ehemalige Engel, die sich unter Führung eines nur aus der Legende bekannten, aber in der Bibel nicht namentlich genannten Luzifer (lateinisch: Lichtträger) gegen Gott auflehnten. Sie wurden deshalb von ihm in die Hölle verbannt, wo sie quasi in seinem Auftrag, doch gleichzeitig als seine ewigen Widersacher wie eine jenseitige Kolonne von Ge-

fängniswärtern und Folterknechten ihren Dienst tun. Aus der Bibel abgeleitet wird diese frühe Geburtsstunde der Hölle gemeinhin durch den Satz Jesu: „Ich sah den Satan wie einen Blitz vom Himmel fallen." (Lukas 10,18)
Anders als im Koran, wo die höllischen Sündenstrafen offensichtlich zur Abschreckung potenzieller Räuber, Mörder und Gotteslästerer in aller Ausführlichkeit dargestellt werden, ist die Bibel beim Ausmalen dessen, was besonders üble Missetäter dereinst erwartet, eher zurückhaltend. Jesus spricht an einer Stelle beispielsweise nur davon, dass die zukünftigen Insassen der Hölle „in die Finsternis hinausgeworfen" werden, „dorthin, wo es nichts gibt als lautes Jammern und angstvolles Zittern und Beben" (Matthäus 8,12). An anderer Stelle wird er dann allerdings doch noch etwas deutlicher: „Der Menschensohn wird seine Engel aussenden und sie werden aus seinem Herrschaftsgebiet alle einsammeln, die Gott ungehorsam waren und andere zum Ungehorsam verleitet haben. Sie werden sie in den glühenden Ofen werfen; dort gibt es nur noch Jammern und Zähneknirschen." (Matthäus 13,41 f)
Aber werden selbst die Bösesten der Bösen wirklich bis in alle Ewigkeit leiden müssen? Die Offenbarung des Johannes, das letzte Buch der Bibel, ist in dieser Frage anscheinend unerbittlich: Keiner von ihnen „wird jemals Ruhe finden, weder am Tag noch in der Nacht; der Rauch des Feuers, in dem sie Qualen leiden, wird für immer und ewig aufsteigen" (Offenbarung 14,11).
Christen scheinen damit in ein grundsätzliches Dilemma zu geraten: Sollte es wirklich Menschen geben, die das Heil endgültig verloren haben, müssten die Gläubigen entweder an der Güte Gottes oder an Aussagen der Bibel zweifeln. Beides dürfte ihnen nicht gefallen und beides beschäftigt die Theologie seit Jahrhunderten.

Der Schweizer Theologe Hans Urs von Balthasar versucht den Widerspruch zwischen Gottes Güte und seiner angenommenen Gnadenlosigkeit durch einen geradezu pfiffigen Gedanken aufzulösen. Er geht von dem alten christlichen Bild aus, dass Gott die Liebe ist. Tief empfundene Liebe aber will die Gemeinschaft mit dem geliebten Partner. Die Hölle, die die absolute Abwesenheit Gottes darstellt, lässt sich somit auch als ein Ort und eine Existenz ohne Liebe beschreiben. Die göttliche Höllenstrafe ist folglich ein schmerzhafter Liebesentzug, eine Abwendung Gottes.

Sollte, so grübelt von Balthasar, Grund für eine Höllenstrafe ein Hass auf Gott sein, der sich in schweren Sünden und einer Missachtung von dessen Willen ausdrückt, dann wäre ja der Aufenthalt an einem Ort für den Sünder fast eine Wohltat, an dem er mit der gehassten Person garantiert nicht zusammentrifft. Andererseits wäre es eine besondere Form der Strafe, Gotteshasser dauernd Gottes Anblick, seiner Nähe und seiner Liebe auszusetzen.

So gesehen wäre für Sünder der Himmel die Hölle. Eine Hölle, aus der sie nur entkommen könnten, wenn sie spirituell umkehrten und sich der Liebe Gottes öffneten.

Um die Ecke gedacht, aber nicht uninteressant.

Hostie

Für Ungläubige oder Unwissende ist eine Hostie nicht mehr als ein in der Regel rundes und hauchdünnes Stückchen Brot, hergestellt aus reinem Weizenmehl und ebenso reinem Wasser. Sie ist damit weitgehend geschmacksneutral.

Für katholische Christen verwandeln sich diese Hostien – ein Wort, das sich aus dem lateinischen Ausdruck für Opfergaben herleitet – durch die vom Priester in der Messfeier gesprochenen Wandlungsworte in den Leib Jesu Christi.

Auch evangelische Christen verwenden bei ihrem Abendmahl Hostien. Für sie ist bei ihnen jedoch eher das Wort „Oblate" gebräuchlich.

Nicht ganz leicht haben es in der katholischen Kirche Menschen, die unter Glutenallergie leiden. Da das Kirchenrecht nach Weizenmehl als Hostiengrundstoff verlangt, könnten sie sich vom Kommunionempfang ausgeschlossen sehen.

Für diesen in Europa mittlerweile nicht mehr zu vernachlässigenden Personenkreis halten Pfarreien in der Regel glutenarme Hostien bereit. Ist die Glutenunverträglichkeit so groß, dass selbst das nicht ausreicht, gibt es alternativ sogar Hostien auf Kartoffelstärkebasis, die dann jedoch wie bei den Protestanten Oblaten genannt werden.

Diese nicht aus Mehl bestehenden Hostien genügen den Anforderungen des Kirchenrechts zwar nicht, doch kann bei ihrem Einsatz die Kommunion in Gestalt des Weines gespendet werden. Oder eben mit einem Schluck Traubensaft.

Jahwe

Jahwe – oder in jüdischer Tradition als sogenanntes „Tetragramm“ (das heißt „vier Buchstaben“) als JHWH geschrieben – ist der Name des Gottes Israels. Dieser Name wird von Juden als heilig empfunden und deshalb nicht ausgesprochen; ersatzweise wird stattdessen „Adonai“ benutzt, was dem auch für Christen nicht unüblichen Gottesnamen „Herr“ entspricht. Verwendet wird im Alltag ebenso die Bezeichnung „Ha Schem“, d. h. „der Name“.

יהוה

Die jüdische Scheu vor dem Aussprechen des Namens Gottes geht zurück auf die Zehn Gebote, wo es heißt: „Du sollst den Namen des Herrn, deines Gottes, nicht missbrauchen; denn der Herr wird jeden bestrafen, der das tut.“ (Exodus 20,7)

Vor diesem Hintergrund ist es in deutscher jüdischer Literatur wie im entsprechenden Schriftgebrauch üblich, den Namen Gottes – so der Fachausdruck – „graphemisch“ zu verändern. Üblich sind dabei Schreibweisen wie G’tt, G-tt, G!tt oder auch G+tt.

Sensible Menschen dehnen diese interreligiöse Achtung auch auf ihren täglichen Umgang aus. Seinem jüdischen Nachbarn mit einem fröhlichen „Grüß Gott!“ zu begegnen dürfte von daher nicht die erste Wahl einer durchdachten Grußformel sein …

Jericho

Jericho, heute eine Kleinstadt von rund 22.000 Einwohnern in den sogenannten „Palästinensischen Autonomiegebieten", die nicht zuletzt dadurch von sich reden machte, dass in ihr als Touristenmagnet 1998 das erste palästinensischen Spielkasino eröffnet wurde, gilt als eine der ältesten ununterbrochen bewohnten Siedlungen der Welt. In seiner bis in die Steinzeit zurückreichenden Geschichte wurde der Ort zwar mehrfach zerstört, aber immer wieder aufgebaut.

Eine dieser Zerstörungen, bei der die Israeliten nach ihrem Zug durch die Wüste und der Überquerung des Flusses Jordan das offenbar stark befestigte Jericho als erste Stadt einnahmen, wird im Alten Testament geschildert. Dieser Sieg gelangte zu weltweiter Bekanntheit, weil er nicht vorrangig mit militärischen Mitteln erfolgte: Das vom Mose-Nachfolger Josua befehligte Heer machte Jerichos Mauern gewissermaßen musikalisch dem Erdboden gleich.

Zuvor hatte Gott die Israeliten angewiesen, sechs Tage lang einmal täglich mit der Bundeslade, dem Aufbewahrungsort der Steintafeln mit den Zehn Geboten, die Stadt zu umrunden. Am siebenten Tag sollten sie diesen Marsch dann gleich siebenmal wiederholen und dabei laut den Schofar, ein auch heute noch im Judentum kultisch verwendetes Widderhorn, blasen. Der Erfolg war entsprechend: „Da stürzte die ganze Mauer zusammen, und die Männer Israels drangen von allen Seiten in die Stadt ein und eroberten sie." (Josua 6,20)

Die Israeliten erwiesen sich bei dieser Eroberung nicht gerade als zimperlich. Ihr Führer Josua hatte sie noch am Morgen des entscheidenden Tages eindeutig instruiert: „Die Stadt ist dem Herrn geweiht und steht unter seinem Bann mit allem, was darin ist. Kein Mensch und kein Tier darf am Leben bleiben." (Jo-

sua 6,17) Die Zerstörung der Stadt fiel denn auch so blutig aus, dass von einem frühgeschichtlichen Völkermord zu sprechen nicht übertrieben ist. Die Israeliten „erschlugen nach dem Befehl des Herrn alles, was in der Stadt lebte, mit dem Schwert: Männer und Frauen, Kinder und Alte, Rinder, Schafe und Esel“ (Josua 6,21).
Von der Grausamkeit einmal abgesehen, die heutigen Leserinnen und Lesern der Bibel gleichermaßen unverständlich wie auch merkwürdig bekannt vorkommen mag, ist die Aussage dieser alttestamentlichen Erzählung eindeutig: Nicht menschliche Taktik hat hier zum Sieg geführt, es war Gott selbst, der die Stadt Jericho den Israeliten ausgeliefert hat.

Jerusalem

Eine Stadt, die gleich drei Weltreligionen heilig ist, die müsste doch nun wirklich ein wahrer Ort des Friedens sein. Judentum, Christentum und Islam: Die drei sogenannten „abrahamitischen Religionen“ haben dem geschichtsträchtigen Ort in den jüdäischen Bergen zwar zwischen Zion, Salem und el-Quds völlig unterschiedliche Namen gegeben, für alle drei ist die Stadt jedoch gleichermaßen bedeutend, weil sich in ihr zentrale Heiligtümer dieser Glaubensgemeinschaften finden.
Für die Juden ist sie der Platz, an dem einst als Wohnort Gottes auf Erden ihr – oder vielmehr: *der* – Tempel stand. Sein letzter Bau wurde im Jahr 70 n. Chr. von den Römern zerstört; an ihn erinnert heute nur noch mit der weltberühmten Klagemauer die stützende Westmauer des Tempelplateaus.
Den Christen ist Jerusalem heilig, weil es der Ort der Leidensgeschichte Jesu Christi, seiner Kreuzigung und seiner Auferstehung ist. Hier finden sie den Ölberg mit dem Garten Getse-

mani, hier können sie mit der Via Dolorosa den Kreuzweg ihres Herrn nachgehen und die Grabeskirche besuchen.
Für Muslime ist Jerusalem schließlich nach Mekka und Medina der drittheiligste Ort des Islam, weil Muhammad nach der Überlieferung von hier aus für einen kurzen Besuch in den Himmel aufstieg. Start- und Endpunkt dieser Reise soll der Felsendom gewesen sein, bei dem es sich trotz seines Namens um keine christliche Kirche handelt.
Trotz so viel Heiligkeit: Ein Ort des himmlischen oder auch nur irdischen Friedens war Jerusalem nie. Hier stritten und streiten sich eher die Religionen und sogar deren Gläubige untereinander, als dass sie sich versöhnten und miteinander Frieden schlössen. Dabei hat ihnen doch schon im Alten Testament der Prophet Jesaja eine Weissagung geliefert, die Jerusalem zum Ausgangspunkt des Friedens auf der ganzen Welt machen würde: „Überall werden die Leute sagen: ‚Kommt, wir gehen auf den Berg des Herrn, zu dem Haus, in dem der Gott Jakobs wohnt! Er soll uns lehren, was recht ist; was er sagt, wollen wir tun!‘ Denn vom Zionsberg in Jerusalem wird der Herr sein Wort ausgehen lassen. Er weist die Völker zurecht und schlichtet ihren Streit. Dann schmieden sie aus ihren Schwertern Pflugscharen und aus ihren Speerspitzen Winzermesser. Kein Volk wird mehr das andere angreifen und niemand lernt mehr das Kriegshandwerk.“ (Jesaja 2,3 f)
Schön wäre es …

Jesaja

Jesaja ist der erste der sogenannten „großen“ Propheten des Alten Testaments. Er lebte im 8. Jahrhundert vor Christus im damaligen Südreich Juda, zu dem auch Jerusalem gehörte, war

verheiratet, hatte mindestens zwei Söhne und stammte offensichtlich selbst aus einer vornehmen Familie. Mit seiner Berufsbezeichnung wird es allerdings schwierig, denn der Mann, dessen Name ein optimistisches „Gott hilft“ oder „Gott heilt“ bedeutet, hatte viele Berufungen: Auf Geheiß seines Gottes war er nicht nur Prophet, unter mehreren Königen war er auch Politiker und Politikberater sowie ein Dichter von bemerkenswerter Ausdruckskraft.
In seinen Aussagen schont er weder die eigenen Herrscher noch das eigene Volk: „Jerusalem, früher warst du wie reines Silber, jetzt aber bist du nichts als silbrig glänzende Schlacke! Früher warst du wie guter Wein, jetzt aber ist der Wein verwässert! Deine Führer – Aufrührer sind sie, die mit Dieben unter einer Decke stecken, scharf auf Geschenke und Bestechungsgeld! Aber den Waisen verhelfen sie nicht zu ihrem Recht und die Klagen der Witwen hören sie gar nicht erst an.“ (Jesaja 1,22 f)
Doch Rettung ist möglich, wenn auch in einem schmerzhaften Läuterungsprozess. Gottes auserwähltes Volk, so gibt Jesaja dessen Worte wieder, muss umkehren und dessen Willen erneut gehorchen, dann kann es wieder hoffen: „Jetzt wende ich mich gegen euch und greife ein! Alle Schlacke unter euch werde ich ausschmelzen, damit ihr reines Silber werdet. Ich werde euch wieder zuverlässige Richter und Ratsherren geben, so wie ihr sie am Anfang hattet. Dann nennt man Jerusalem wieder wie früher ‚Stadt des Rechts‘ und ‚treue Stadt‘.“ (Jesaja 1,25 f)
Für Christen ist Jesaja der Prophet, der in einer Notsituation, in der sich Juda von Feinden bedroht sah, das Kommen eines Messias voraussagte. In den besonders poetisch gefassten Worten der Lutherbibel heißt es bei ihm: „Darum wird euch der Herr selbst ein Zeichen geben: Siehe, eine Jungfrau ist schwanger und wird einen Sohn gebären, den wird sie nennen Immanuel.“ (Jesaja 7,14)

Jesajas Prophezeiungen sind es auch, auf die sich das bekannte Weihnachtslied „Es ist ein Ros' entsprungen" bezieht. Christen beziehen seine Zeilen auf niemand anderen als auf ihren Heiland Jesus Christus: „Und es wird ein Reis hervorgehen aus dem Stamm Isais und ein Zweig aus seiner Wurzel Frucht bringen. Auf ihm wird ruhen der Geist des Herrn, der Geist der Weisheit und des Verstandes, der Geist des Rates und der Stärke, der Geist der Erkenntnis und der Furcht des Herrn." (Jesaja 11,1 f)

Mit Jesaja persönlich nahm es kein glückliches Ende. Nach der Überlieferung verübelte ihm König Manasse aufs Äußerste, dass er es gewagt hatte, seine Hauptstadt Jerusalem mit Sodom und Gomorra zu vergleichen. Jesaja musste fliehen und verbarg sich schließlich in einem hohlen Baum. Die königlichen Häscher entdeckten ihn dort jedoch und zersägten ihn samt seinem hölzernen Versteck. Er starb einen Märtyrertod, auf den viel später noch der Hebräerbrief des Neuen Testaments Bezug nahm, als er die Zeugnisse vergangenen Glaubens auflistete.

Jesus

Jesus von Nazaret, zur Zeit des Königs Herodes auf einem gewissermaßen amtlich verordneten Kurzbesuch südlich von Jerusalem in dem kleinen Ort Betlehem geboren, war der leibliche Sohn einer gewissen Maria und das angenommene Kind eines Zimmermanns namens Josef. Die ersten dreißig Jahre seines Lebens verbrachte er im ländlichen Galiläa, ohne dass er dabei sonderlich auffällig geworden wäre.

Dennoch geht auf diesen Mann eine Veränderung unserer Welt zurück, die ihresgleichen sucht. Mehr als zweieinviertel Milliarden Menschen berufen sich in ihrem nach ihm benannten Glauben auf ihn. Er lehrte sie, was richtig und was falsch, was gut und was böse ist. In seinem Namen wurde viel Gutes getan, unter Berufung auf ihn verloren aber auch unzählige Menschen ihr Leben.

Dieser Jesus von Nazaret war eben etwas ganz anderes als nur einer jener jüdischen Wanderprediger, von denen es zur Zeit der römischen Besetzung Palästinas nicht wenige gab. Dieser Jesus von Nazaret ist für Christen der Sohn ihres Gottes, von ihm als Mensch auf die Welt gesandt, wo er unter schrecklichen Schmerzen am Kreuz hingerichtet werden sollte, wo er aber auch glanzvoll von den Toten auferstand. Sein Tod und seine Überwindung des Todes stehen als Erlösung der Menschheit und als neuer Bund mit dem Gott Israels im Mittelpunkt christlicher Theologie. Ohne ihn wäre das Christentum nicht denkbar.

Dass es sich bei Jesus um einen realen Menschen und nicht nur um eine mythologische Figur gehandelt hat, kann mittlerweile als erwiesen gelten. Selbst Atheisten kommen kaum noch umhin, ihn als Mensch mit einem bezeugten Leben auf dieser Erde und damit als historische Persönlichkeit zu akzeptieren.

In seiner vermutlichen Muttersprache Aramäisch dürfte er Jehoschua, Jeschua oder kurz Jeschu gerufen worden sein: ein gebräuchlicher Vorname zu damaligen Zeiten. Dass er allerdings wirklich in einem schäbigen Stall oder einer Grotte auf einem Feld bei Betlehem geboren wurde, kann nicht unbedingt als gesichert gelten. Dieser angebliche Geburtsort, der in den Evangelien ohnehin nur bei Matthäus und Lukas genannt wird, könnte eher dazu dienen, seine Position als Retter der Menschheit theologisch zu untermauern. Von hier würde nämlich nach einer Weissagung des Propheten Micha einmal der Messias kommen: „So klein du bist unter den Städten in Juda, aus dir wird der künftige Herrscher über mein Volk Israel kommen. (…) Im höchsten Auftrag des Herrn, seines Gottes, und mit der Kraft, die der Herr ihm gibt, wird er die Leute von Israel schützen und leiten. Sie werden in Sicherheit leben können, weil alle Völker der Erde seine Macht anerkennen.“ (Micha 5,1 ff)

Öffentlich tritt Jesus – nach einer spektakulären Geburt samt Sternerscheinung und dreifachem Königsbesuch – erst in Erscheinung, als er ungefähr dreißig Jahre alt ist. Mit sicherem Gespür für Breitenwirkung wählt er dazu einen Anlass, wie er unter frommen Juden damals gerade populär ist: eine Taufe.

Wie es sich für den kommenden Herrn der Christenheit gehört, muss diese Taufe allerdings etwas großartiger ausfallen als die familiäre Zeremonie modernen christlichen Zuschnitts.

Zweite Hauptperson neben Jesus selbst ist bei ihr ein Mann, der als einer der größten Propheten des gerade anbrechenden Christentums gelten kann und gern als Vorläufer Jesu bezeichnet wird: Johannes der Täufer.

Dieser Johannes will geradezu auffallen. Mit allem dramatischen Auftreten, das dazugehört, geht er daher als Bußprediger in die Wüste. Wie anderen jungen Theologen seines Volkes genügen ihm die taktischen Manöver einer jüdischen Elite nicht mehr, der es erstaunlich wenig auszumachen scheint, auf Schritt und Tritt römischen Besatzern zu begegnen und sich ihnen unterzuordnen. Sie wollen die Lebensbedingungen der Bauern und Fischer, Händler und Handwerker verbessern: direkt, schnell und durch eine radikale Umkehr zu Gott. Man könnte das eine Revolution nennen, die sich auf Gott beruft.

Höfliche Zurückhaltung ist Johannes ebenso fremd wie politische Rücksichtnahme. Ihm geht es nicht um ein fernes Reich im Himmel, ihm geht es um den Alltag der Menschen im Hier und Jetzt, wenn er von seinen Landsleuten verlangt: „Wer zwei Hemden hat, soll dem eins geben, der keines hat. Und wer et-

was zu essen hat, soll es mit jemandem teilen, der hungert.“ (Lukas 3,11)
Dass Jesus für seine Taufe ausgerechnet zu solch einem Bürgerschreck geht, sollte Christen auch heute noch stutzen lassen: Offensichtlich steht der Begründer ihrer Religion den Ansichten eines Mannes nicht ganz fern, der die Gesellschaft grundlegend verändern will und der von ihren Mitgliedern fordert, sich für mehr Gerechtigkeit einzusetzen. Überraschend für ihn taucht er in der Menge auf, die sich von Johannes von ihren Sünden reinigen lassen will, als der gerade wieder einmal gegen die Schlechtigkeit seines Volkes wettert und es mit einer nutzlosen Spreu vergleicht, die in ein ewig loderndes Feuer geworfen wird.
Der sonst so rabiate Bußprediger lehnt es jedoch ab, Jesus zu taufen. Ihm ist offenbar bewusst, dass er sich mit seinem Gegenüber nicht vergleichen kann: „Ich müsste von dir getauft werden und du kommst zu mir?“ (Matthäus 3,14) Ganz im Bewusstsein seines Auftrages und mit der Autorität eines Gottessohnes lässt Jesus sich darauf nicht ein: „Zögere nicht, mich zu taufen! Das ist es, was wir jetzt tun müssen. So eröffnen wir den Weg, auf dem der Wille Gottes ohne Abstriche erfüllt wird.“ (Matthäus 3,15)
Wenn man dem Evangelisten Lukas folgt, müssen die nächsten Minuten überwältigend gewesen sein. Johannes taucht Jesus in die Wasser des Jordans, und aus den Höhen des Himmels heraus wird der Täufling umgehend als Sohn Gottes und Messias gepriesen: „Der Heilige Geist kam sichtbar auf ihn herab, anzusehen wie eine Taube. Und eine Stimme sagte vom Himmel her: ‚Du bist mein Sohn, dir gilt meine Liebe, dich habe ich erwählt.‘“ (Lukas 3,22)
Für Jesus ist diese göttliche Bekräftigung seiner Person und seiner Position der Startpunkt für sein Wirken in der Öffent-

lichkeit. Er nimmt die Worte Johannes' des Täufers auf und macht sie zur Forderung nach Umkehr und zu einer Botschaft kommenden göttlichen Heils: „Ändert euer Leben! Gott wird jetzt seine Herrschaft aufrichten und sein Werk vollenden!" (Matthäus 4,17)

Anders als viele spätere auf Prunk, Pracht und Macht versessene Kirchenfürsten orientiert sich Jesus klar in eine Richtung: Er wendet sich voller Liebe den kleinen Leuten zu, den Ausgestoßenen und den Verlierern der Gesellschaft. Vier einfache Fischer vom See Gennesaret im Norden Israels werden so zu seinen ersten „Jüngern". Die Anhängerschar des Menschenfischers aus Galiläa wächst jedoch schnell, und schon bald dürfte sich eine Art reisender Kommune gebildet haben, die zum Missfallen der Obrigkeit über Land zieht und in deren Mitte Jesus mit Worten und Wundern für Staunen und Unruhe sorgt.

Nur Männer sind es übrigens nicht, die Jesus folgen. Anders als die damalige Gesellschaft, die Frauen nicht denselben Rang wie Männern einräumt, nimmt Jesus augenscheinlich die Frauen ernst und schätzte sie als den Männern ebenbürtige Partnerinnen. Sie waren ganz offensichtlich „gestandene" Frauen, die keinen geringen Anteil daran hatten, dass sein Unternehmen nicht vorzeitig an den Klippen des Alltags scheiterte: „Sie alle sorgten aus ihren eigenen Mitteln für Jesus und den Kreis der Zwölf." (Lukas 8,3)

Und dennoch dauert es nur etwa drei Jahre, bis das Schicksal des irdischen Jesus besiegelt ist. Mit seinem religiösen Programm, das gleichzeitig auch ein politisches ist, macht er sich die zu Feinden, die im Staat das Sagen haben. Für die Römer ist er ein Aufrührer, der mit seinen Predigten und Gleichnissen gefährliche Botschaften unter das ohnehin schon unruhige Volk bringt: Die Zusage, dass die Letzten einmal die Ersten sein werden (vgl. Matthäus 19,30), ist beispielsweise kaum dazu angetan, Mächtigen zu gefallen. Für das jüdische Establishment, das sich mehr oder weniger mit der Besatzungsmacht arrangiert hat, ist Jesus ebenso nicht unbedingt jemand, den sie sich als Nachwuchskraft wünschen: Sie wollen Ruhe, keine Konflikte.

Es kommt also, wie es kommen muss. Jesus wird als Störer der öffentlichen Ordnung gebrandmarkt, der verschwinden muss, um diese Ordnung nicht zu gefährden. In einer unseligen Koalition verurteilen die religiösen Autoritäten der Juden und die politischen Machthaber der Römer ausgerechnet denjenigen zum Tod, der angetreten war, das Leben zu bringen. Ein besseres Leben. Ein gerechteres Leben. Als Todesart wählen sie mit der Kreuzigung zur Abschreckung und Demütigung zudem eine besonders grausame Form der Hinrichtung, wie sie normalerweise Schwerverbrechern, Hochverrätern und Aufrührern vorbehalten ist.

Mit seinem Tod scheint Jesus seine Mission grandios verfehlt zu haben: ein Retter der Menschen, der noch nicht einmal sich selber retten kann (vgl. Matthäus 27,42). Christen wissen jedoch: Das scheinbare Scheitern Jesu ist nicht das Ende. Nach drei Tagen im Reich des Todes ist er wieder da – und dieses Mal als Sieger.

Josef

Eigentlich müssten wir mehr von ihm wissen, immerhin war der galiläische Zimmermann Josef so etwas wie der Ziehvater Jesu. Das Neue Testament wirkt in Bezug auf ihn allerdings ausgesprochen ungerecht: Es wird zwar über ihn notiert, dass er aus dem Geschlecht Davids stammt, doch er hat nirgendwo einen großen

Auftritt, kein einziges Wort ist von ihm überliefert, und nachdem der Evangelist Lukas darüber berichtet hat, dass Maria und Josef sich Sorgen um ihren Sohn machen, weil der zwölfjährige Jesus heimlich im Tempel von Jerusalem geblieben ist, taucht er in den Berichten der Bibel überhaupt nicht mehr auf. Keine „Homestory" darüber, wie er vielleicht Jesus das Bohren dicker Bretter beibrachte, keine Beispiele für sein Wirken als irdischer Erzieher, aber auch keine Enthüllungen über etwaige Konflikte mit seinem angenommenen Sohn. Josef ist der große Schweiger der Bibel, der scheinbar stumm Gottes Plan mit ihm erfüllt. Nicht einmal über seinen Tod oder seine Grabstätte erfahren wir etwas: Josef verschwindet einfach aus dem Blickfeld.

Was man über den Ziehvater Jesu sagen kann, muss sich also auf andere Quellen stützen: Legenden, nicht in das Neue Testament aufgenommene frühchristliche Schriften und allgemeine Erkenntnisse der Altertumswissenschaft. Danach kann beispielsweise von einem romantischen Liebespaar Maria und Josef kaum die Rede sein.

Den Bräuchen der damaligen Zeit und der Region entsprechend waren Maria und Josef in ihrer Partnerwahl nämlich keineswegs frei. Marias Eltern, die nach alten Überlieferungen Anna und Joachim geheißen haben könnten, dürften ihrer Maria die Wahl ihres Lebenspartners nicht selbst überlassen haben, und sie haben aller Wahrscheinlichkeit nach auch nicht darauf gewartet, bis ihre Tochter zu einer jungen Frau herangewachsen war, um sie zu verheiraten. Wahrscheinlicher ist, dass Maria ihre Pubertät gerade eben abgeschlossen hatte, als sie ihrem Bräutigam versprochen wurde.

Während es sich zur Zeit ihrer Verlobung bei Maria also höchstwahrscheinlich um einen Teenager handelte, könnte ihr späterer Mann Josef schon um einiges älter gewesen sein. Wie-

derum nach alten Überlieferungen handelte es sich bei ihm um einen keineswegs mehr ganz jungen Witwer. Manche Quellen sprechen sogar von einem rund achtzigjährigen Greis.
Naiv war dieser Josef allerdings keineswegs, allenfalls großmütig und eine offensichtlich vieles verzeihende Seele. Sein Verhalten vor der Geburt Jesu spricht da eine deutliche Sprache: „Maria, Jesu Mutter, war mit Josef verlobt. Aber noch bevor die beiden geheiratet und Verkehr miteinander gehabt hatten, erwartete Maria ein Kind; sie war durch den Heiligen Geist schwanger geworden. Josef, ihr Verlobter, war ein Mann mit aufrechter Gesinnung. Er nahm sich vor, die Verlobung aufzulösen, wollte es jedoch heimlich tun, um Maria nicht bloßzustellen.“ (Matthäus 1,18 f)
Hier ist vielleicht eine kleine Erläuterung notwendig. Die jüdische Verlobung stellte ein rechtsverbindliches Eheversprechen dar; Marias Schwangerschaft, an der Josef ja nicht ursächlich beteiligt war, konnte also als strafbarer Ehebruch gelten. Wenn Josef seine künftige Ehefrau denn vor Gericht gebracht hätte …
Bevor er jedoch diesen folgenschweren Entschluss fassen konnte, erhielt er eine himmlische Botschaft: „Während er noch hin und her überlegte, erschien ihm im Traum der Engel des Herrn und sagte zu ihm: ‚Josef, du Nachkomme Davids, scheue dich nicht, Maria, deine Frau, zu dir zu nehmen! Denn das Kind, das sie erwartet, kommt vom Geist Gottes. Sie wird einen Sohn zur Welt bringen; den sollst du Jesus nennen. Denn er wird sein Volk von aller Schuld befreien.‘“ (Matthäus 1,20 f)
Josef reicht diese Nachricht. Er vertraut seinem Gott – und damit auch wieder seiner Maria.

Judas

Neben dem Teufel ist der Apostel Judas für Christen wohl die Figur der gesamten Bibel, die den schlechtesten Ruf hat. Ausgerechnet ein Mann aus dem innersten Kreis um Jesus wird zu einem Verräter, der zu allem Überfluss auch noch mit einem vorgetäuschten Freundschaftskuss dafür sorgt, dass römische Soldaten den Sohn Gottes gefangen nehmen können, er einen kurzen und ungerechten Prozess bekommt und am Ende durch einen schmählichen Tod am Kreuz hingerichtet wird.

Nach dem Evangelisten Lukas war es der Teufel, der Judas, dessen rätselhafter Beiname „Iskariot" oder „Ischariot" übrigens immer noch nicht zweifelsfrei erklärt ist, zu seinem folgenreichen Treuebruch motivierte (Lukas 22,3). Der Satan brachte ihn auch dazu, sich für seinen Verrat auch noch den sprichwörtlichen „Judaslohn" von 30 Silberlingen auszahlen zu lassen, nach heutiger Kaufkraft etwa 10.000 Euro. Während aber im Markus- und im Lukasevangelium diese Summe von den jüdischen Hohepriestern unaufgefordert angeboten wird, unterstellt der Evangelist Matthäus dem abtrünnigen Apostel ziemlich eindeutig Habgier. Er lässt Judas unverblümt nachfragen: „Was gebt ihr mir, wenn ich ihn euch in die Hände spiele?" (Matthäus 26,15)

Matthäus ist es allerdings auch, der von Judas berichtet, er habe seine Tat später bereut und sich selbst gerichtet: „Judas warf das Geld in den Tempel, lief fort und erhängte sich." (Matthäus 27,5) Mit einem in den Evangelien leider nicht seltenen antijüdischen Unterton werden die Tempelpriester dagegen als scheinheilige Heuchler vorgeführt. Sie „nahmen das Geld an sich und sagten: ‚An diesem Geld klebt Blut; es ist nach dem Gesetz verboten, solches Geld in den Tempelschatz zu tun.' Sie berieten sich und beschlossen, davon den Töpferacker zu kau-

fen und als Friedhof für Ausländer zu benutzen.“ (Matthäus 27,6 f)
In einer zweiten Version schildert Petrus den verbliebenen Aposteln das Ende des Judas etwas unmotiviert, aber dafür umso drastischer; in seiner Version fehlt zudem die späte Reue: „Mit dem Geld, das er als Belohnung für seine böse Tat erhalten hatte, kaufte er sich ein Landgut. Dort stürzte er so schlimm, dass sein Leib aufplatzte und die Eingeweide hervorquollen.“ (Apostelgeschichte 1,18)
Will man der Bibel glauben, war Judas also ganz gewiss kein Heiliger. Ob er allerdings wirklich der absolute Schurke und gewissenlose Verräter war, als der er dargestellt wird, daran lässt sich durchaus zweifeln.
Von manchen Forschern wird der Beiname „Iskariot“ beispielsweise so gedeutet, dass Judas zu den Zeloten gehörte, einer Gruppe jüdischer Aufständischer, die unter Führung des Messias die römische Herrschaft stürzen und die Römer aus dem Land treiben wollten. Nach dieser Deutung wäre das Handeln des Judas kein egoistischer Verrat für eine Handvoll Silber gewesen, sondern es war eine politische Aktion, die endlich den ersehnten Volksaufstand losbrechen lassen sollte.
Ebenfalls zu Judas’ Gunsten spricht eine andere Argumentation, die statt auf politische auf theologische Überlegungen zurückgreift. Ist nicht Judas, so wird seit dem frühen Christentum gefragt, durch seinen scheinbaren Verrat dem Willen Gottes sogar besonders gerecht geworden und hat er nicht quasi als sein Werkzeug dazu gedient, den himmlischen Heilsplan zur Erlösung der Menschen in die Tat umzusetzen? In dieser Perspektive bekommen die Worte, die Jesus beim letzten Abendmahl an Judas richtete, eine ungewohnte, wenn auch nicht unlogische Bedeutung: „Beeile dich und tu, was du tun musst!“ (Johannes 13,27)

Judas wäre damit plötzlich von einem der größten Feinde Jesu zu einem seiner treuesten Unterstützer geworden. Und hätte dabei nicht nur sein Leben, sondern auch auf ewig seinen guten Ruf verloren. Es sei denn, das Jüngste Gericht würde ihn irgendwann einmal rehabilitieren …

Jungfrauen, törichte

Nein, das ist jetzt kein weiteres Beispiel für eine mögliche Frauenfeindlichkeit namentlich der katholischen Kirche. Und das ist erst recht kein Aufruf für ein möglichst freies Ausleben namentlich der weiblichen Sexualität. Wenn in einem Gleichnis Jesu die Rede von den törichten – ebenso wie auf der anderen Seite selbstverständlich auch von den klugen – Jungfrauen ist, geht es dabei um die Vorbereitung auf das erhoffte Reich Gottes und nicht um vergleichsweise doch sehr irdische Vorlieben und Verhaltensweisen.

In diesem Gleichnis, also einer Art Parabel oder Lehrerzählung, geht es darum, dass zehn Brautjungfern einen angekündigten Bräutigam feierlich empfangen sollten. Alle hatten sie Öllampen mitgenommen, denn es würde wohl später werden, und seine Ankunftszeit könnte sehr wohl auch in der dunklen Nacht liegen. Während aber fünf der Brautjungfern so schlau gewesen waren, zusätzlich zum Öl in ihren Lampen auch noch ein Reservekännchen voller Brennstoff mitzunehmen, waren die anderen nicht so umsichtig. Die Bibel bezeichnet sie je nach Übersetzung entweder traditionell als „töricht“ oder auch etwas moderner und schonender als „gedankenlos“.

Als mitten in der Nacht der Bräutigam schließlich kam, stand die eine Hälfte der wartenden Mädchen wortwörtlich in Dunkeln, während die andere Hälfte ihre Lampen ohne Probleme

parat machen konnte. Die sorglosen Fünf setzten jetzt einfach auf Solidarität, indem sie eine Teilung der Ölvorräte erwarteten, die klugen Fünf hatten jedoch nach wie vor die Zukunft im Auge: „Ausgeschlossen, dann reicht es weder für uns noch für euch. Geht doch zum Kaufmann und holt euch welches!“ (Matthäus 25,9)
Während nun also fünf Brautjungfern loslaufen mussten, um Öl nachzukaufen, konnten ihre fünf cleveren Kolleginnen mit dem Bräutigam zur Hochzeitsfeier hineinziehen und feiern. Als die Nachzüglerinnen endlich doch noch vor der Tür standen, wurden sie nicht mehr eingelassen: Der Bräutigam bestritt, sie zu kennen.
Jesus liefert in diesem Fall zu seinem Gleichnis eine Deutung frei Haus, wenn er die irdische Hochzeit mit dem Kommen des Reiches Gottes gleichsetzt und seiner Anhängerschaft dringend empfiehlt, auf diesen Anlass vorbereitet zu sein: „Darum seid wachsam, denn ihr wisst weder Tag noch Stunde im Voraus!“ (Matthäus 25,13)
Alle Menschen sind also in der Lage der Brautjungfern, seien sie nun klug oder töricht. So, wie es die Kirchenväter im Mittelalter meinten, als dieses Gleichnis besonders populär war, wäre es für sie im Fall des Falles besser, vorgesorgt zu haben: nur eben nicht mit Öl, sondern mit guten Werken und Nächstenliebe.

Kain

Nach dem Alten Testament ist Kain der ältere Sohn von Adam und Eva, die Gott als menschliche Bewohner des Paradieses geschaffen hatte. Als der Teufel sie in Gestalt einer Schlange dazu verführte, vom berühmten „verbotenen Baum“ des himmlischen Gartens zu essen, ließen sich die beiden jedoch zum Ungehorsam gegenüber ihrem Schöpfer hinreißen, und die Strafe folgte auf dem Fuße. Sie mussten ihre höchst komfortable Wohnstatt verlassen und hatten sich von nun an „unter Mühsal“ selbst von dem zu ernähren, was sie „zwischen Dornen und Disteln“ auf der Erde anbauen konnten. Ihrer eigenen Fruchtbarkeit tat das keinen Abbruch; sie gelten nach der Darstellung des Alten Testaments als Stammeltern des Menschengeschlechts. Ihre ersten Kinder bei dieser gewaltigen Aufgabe waren Kain und sein Bruder Abel.[2]

Wie Adam und Eva betrieben auch Kain und Abel Landwirtschaft: Kain als Ackerbauer, Abel als Schafhirte. Beide mögen in ihrer Profession leidlich Erfolg gehabt haben, irgendwann kam es allerdings zu einem verheerenden Ereignis, das die Bibel so beschreibt (Genesis 4,3 ff): „Eines Tages brachte Kain seinem Herrn von seinem Ernteertrag ein Opfer, und auch Abel opferte Gott. Er nahm dafür die besten von den Lämmern seiner Herde.“

Das Ergebnis dieser vermutlich gemeinsamen Opferung dürften beide so nicht vorhergesehen haben, denn „der Herr blickte freundlich auf Abel und sein Opfer, aber Kain und sein Opfer schaute er nicht an". Nach dem Verständnis der jüdischen Adressaten dieser Bibelstelle war dieser abgewandte Blick daran zu erkennen, dass der nach einem Opfer eigentlich erwartete göttliche Segen ausblieb. Kain geriet also plötzlich gegenüber seinem Bruder Abel ins Hintertreffen, sei es nun, dass er sich nur schlechter fühlte oder dass sich seine wirtschaftlichen Aussichten ganz real verschlechtert hatten.

Die göttliche Zurücksetzung muss Kain tief und überraschend getroffen haben, denn einen Grund dafür, dass Gott seine Gaben verschmähte, nennt die Bibel nicht. Sie kam für Kain gewissermaßen aus heiterem Himmel, er hatte sich bis dahin offensichtlich weder gegenüber seinem Gott noch gegenüber den noch nicht übermäßig vielen Menschen auf der Erde etwas zu Schulden kommen lassen.

Nach heutigem Verständnis und ebenso nach jüdischer Tradition hätte es nahegelegen, wenn Kain mit seinem Gott als Reaktion auf den Verlust an Wertschätzung eine Diskussion darüber angefangen hätte, warum dem seine Feldfrüchte offensichtlich weniger genehm waren als die tierischen Opfer seines Bruders. Der anscheinend jähzornige und leicht erregbare Kain macht jedoch etwas anderes: Er wendet sich gegen Abel und erschlägt ihn. Der erste Mord der Weltgeschichte ist damit gleich ein Brudermord, wenngleich ein moderner Verteidiger sicher auf eine Bluttat im Affekt plädieren würde.

Der alttestamentliche Gott lässt solche spitzfindigen Entschuldigungen nicht gelten, vermutlich, weil er in dem Verbrechen zu Recht auch eine Auflehnung gegen sich selbst erkennt. Kain hatte seinen Bruder schließlich nur gewissermaßen stellvertretend angegriffen, da der eigentliche Verursacher seines Zorns für ihn unerreichbar blieb.

Gott reagiert entsprechend hart. Nachdem er Kain die angesichts seiner Allwissenheit nur rhetorisch zu verstehende, aber im Laufe der Geschichte dennoch zum Klassiker gewordene Frage gestellt hat „Kain, wo ist dein Bruder Abel?“ und der Übeltäter auf sie gleichermaßen klassisch mit „Bin ich der Hüter meines Bruders?“ geantwortet hat, spricht er ein strenges Urteil. Kain muss das von ihm bebaute Ackerland verlassen und künftig als ewig heimatloser Flüchtling über die Erde ziehen, geschützt allein durch ein besonderes Zeichen.

Dieses „Kainszeichen“ oder „Kainsmal“ ist also entgegen landläufiger Meinung nicht etwa ein strafverschärfendes Symbol für eine Schuld, ganz im Gegenteil. Gott gibt Kain mit dem vermutlich ersten Tattoo der Weltgeschichte ein Zeichen seines persönlichen Schutzes mit auf den Weg. Aus heutiger Sicht ist es mit einer unnötig grausamen Strafandrohung verbunden: „Wenn dich einer tötet, müssen dafür sieben Menschen aus seiner Familie sterben“, versichert er dem nichtsdestoweniger verstoßenen Brudermörder.

Schwere Kost, eine Art extrem früher Psycho-Thriller. Seine Moral ist nicht nur, dass sich Verbrechen nicht auszahlen, in einem Gespräch mit Kain gibt Gott diesem auch eine Weisheit mit auf den Lebensweg, die bis in die Gegenwart nichts an ihrer Gültigkeit verloren hat: „Wenn du Gutes im Sinn hast, kannst du den Kopf frei erheben. Wenn du aber Böses planst, lauert die Sünde vor der Tür deines Herzens und will dich verschlingen. Du musst Herr über sie sein!“

Leider hat Kain sich nicht an diesen klugen Ratschlag gehalten.

Karfreitag

Der Karfreitag gilt allgemein als der Höhepunkt der vorösterlichen Karwoche, in der des Leidens und Sterbens Jesu gedacht wird. Der Karfreitag ist vor allem für evangelische Christen ein zentraler Feiertag, der seine Bestimmung schon im Namen trägt: „kara“ heißt im Althochdeutschen so viel wie Trauer, Klage oder Kummer.
Doch es sind Christen aller Konfessionen, die sich am Karfreitag den Leidensweg Jesu ins Gedächtnis rufen, der in seinem qualvollen Tod am Kreuz endete.
Nach einem dieser Prozesse, deren Urteil bereits vor Beginn feststeht, war Jesus gezwungen worden, das schwere Holzkreuz, an dem er sterben sollte, selbst zur Hinrichtungsstätte auf den Berg Golgota zu schleppen. Er wurde verspottet, gequält und schließlich zwischen zwei anderen Verurteilten gekreuzigt. Sie werden in den Überlieferungen entweder als Rebellen oder auch als Räuber und Verbrecher bezeichnet.
Jesu Tod am Kreuz – eine zur allgemeinen Abschreckung von den Römern häufig gegen Aufständische und entlaufene Sklaven verhängte Hinrichtungsart von besonderer Grausamkeit – wird besonders eindrücklich vom Evangelisten Matthäus geschildert. Er berichtet über eine dreistündige Finsternis im gesamten Land, an deren Ende Jesus laut seine tiefe Verzweiflung hinausschrie: „Mein Gott, mein Gott, warum hast du mich verlassen?“ Dann gab er – wie es in den alten Texten heißt – seinen Geist auf und verschied.
Was auf diesen Schrei folgte, hätte eigentlich ausreichen müssen, um auch dem letzten Zeugen deutlich zu machen, dass mit Jesus kein normaler Mensch gestorben war. Wiederum nach der Schilderung des Matthäus zerriss der Vorhang des Tempels von oben bis unten, die Erde bebte und Felsen wurden gespal-

ten. Gräber öffneten sich, und viele Verstorbene erhoben sich von den Toten. Sie gingen von ihren vor den Stadttoren gelegenen Begräbnisstätten nach Jerusalem hinein und wurden von vielen Bewohnern gesehen.
Traditionell wird angenommen, dass Jesus am Nachmittag um 15.00 Uhr starb. In vielen Gemeinden wird deshalb zu dieser Stunde eine besondere Karfreitagsliturgie gefeiert. In den evangelischen Kirchen wird dabei besonderer Wert auf den Empfang des Abendmahls gelegt, während es in katholischen Kirchen keine Eucharistiefeiern gibt.
Alle Karfreitagsgottesdienste sind in ihrer Form sehr streng auf das Wesentliche reduziert: Das Schwarz der Trauer (evangelisch) oder das Rot des Blutes (katholisch) sind die vorherrschenden Farben der Liturgie, von besonderem Schmuck der Kirchen durch Blumen oder Kerzen wird abgesehen. Ebenso schweigen in vielen Gemeinden Orgeln und Glocken.
Trotz allem steht für gläubige Christen am Karfreitag nicht die bloße Erinnerung an das Leid Jesu im Vordergrund. Wichtiger ist für sie in jedem Fall, dass Jesus ihnen mit diesem Leid, das er freiwillig auf sich nahm, die Aussicht auf eine Vergebung ihrer Sünden und eine Versöhnung mit Gott eröffnete. Der Karfreitag darf deshalb nicht isoliert als Tag des Schmerzes und des Verlustes gesehen werden, er bildet vielmehr eine inhaltliche Einheit mit der österlichen Auferstehung, mit Christi Himmelfahrt. Dadurch soll er an das zentrale Ereignis des Christentums erinnern, an dem ein – wenn auch schmerzensreicher – Neuanfang der Beziehung zwischen Gott und den Menschen gelang.

Kreuz

Das Kreuz ist mit Sicherheit das wichtigste Symbol des Christentums. Es ist heute weltweit so mit diesem Glauben verbunden wie etwa der Halbmond mit dem Islam oder auch Hammer und Sichel mit dem Kommunismus: Alle sind sie unverwechselbare „Warenzeichen" für ihre Religion oder ihre Ideologie. Umso mehr mag es verwundern, dass die Christen der frühen Gemeinden dieses unverwechselbare Symbol kaum verwendeten: Aus den ersten drei Jahrhunderten der christlichen Zeitrechnung sind kaum Abbildung des christlichen Kreuzes bekannt.

Grund dafür mag einerseits sein, dass es den Christen in ihrer damaligen Verfolgungssituation nicht besonders klug erschienen sein dürfte, sich in einer häufig genug feindlichen Umwelt durch ein eindeutiges Zeichen zu identifizieren, andererseits war vermutlich der Schmerz über den Kreuzestod Jesu noch zu frisch und zu stark, um aus dieser Verletzung ein positives Sinnbild zu entwickeln.

Das änderte sich jedoch ziemlich schnell, als Kaiser Konstantin am 28. Oktober 312 mit dem Kreuz auf den Schilden seiner Soldaten an der Milvischen Brücke außerhalb von Rom die entscheidende Schlacht gegen seinen Konkurrenten und Mitkaiser Maxentius für sich entscheiden konnte. In der Nacht vor dem Kampf soll dem Feldherrn Jesus Christus im Traum erschienen sein und ihm verkündet haben: „In diesem Zeichen wirst du siegen!"

Nach diesem eigentlich unerwarteten Sieg vollzog Konstantin in seiner Religionspolitik eine dramatische Wende und begann das Christentum aktiv zu fördern: Das Kreuz war plötzlich hof- und gesellschaftsfähig geworden. Das Symbol des Schei-

terns und der Verzweiflung hatte sich in ein Symbol des Sieges und der Erlösung verwandelt.
Das ist es für Christen bis heute geblieben. Es schmückt kleine Kapellen und große Dome, es findet sich auf einfachen Grabsteinen ebenso wie prunkvollen Denkmälern, es dekoriert als Anhänger tiefe Dekolletees wie markige Männerhälse. Nicht immer auf den ersten Blick erkennbar ist es auch ein Grundmuster der Kirchenarchitektur geworden: Christliche Gotteshäuser haben traditionell oft einen kreuzförmigen Grundriss, bei dem im Schnittpunkt von Haupt- und Querschiff dann ebenso symbolträchtig der Altar steht. Der Petersdom in Rom ist dafür das wohl spektakulärste Beispiel.

Lazarus

Einen Mann dieses Namens gibt es im Neuen Testament gleich zweimal. Der eine ist ein Mann, den Jesus von den Toten auferweckt, der andere ist ein Bettler, dem von Gott späte Gerechtigkeit widerfährt: Spektakulär sind beide Geschichten.
Lazarus Nummer Eins gehörte offensichtlich zum engeren Freundeskreis Jesu. Eines Tages erkrankte er schwer und starb schließlich. Jesus predigte zu diesem Zeitpunkt gerade andernorts, aber erstaunlich gelassen blieb er zunächst noch zwei Tage in der Ferne, bevor er sich endlich auf den Weg nach Betanien in der Nähe von Jerusalem machte, um seinen Freund zu retten. Nicht überraschend, bekam er bei seiner Ankunft Vorwürfe zu hören, denn schließlich hätte er Lazarus noch heilen können, wäre er nur früher eingetroffen. Er antwortete mit einem längst klassisch gewordenen Satz: „Ich bin die Auferstehung und das Leben. Wer an mich glaubt, wird leben, auch wenn er stirbt." (Johannes 11,25)
Die Vorwürfe und das Unverständnis der Umstehenden ebbten jedoch nicht ab, sodass Jesus wegen dieses mangelnden Vertrauens zornig wurde und sich zum Grab des Verstorbenen führen ließ. Als er den Stein wegrollen lassen wollte, der die Begräbnisstätte verschloss, wurde er gewarnt: „Herr", wandte Marta, die Schwester des Verstorbenen, ein, „er ist doch schon vier Tage tot; der Leichnam riecht schon!" (Johannes 11,39)

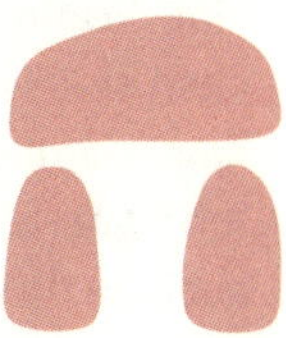

Natürlich ließ sich Jesus davon nicht abschrecken und natürlich wurde Lazarus wieder lebendig. Jesus erwies sich einmal mehr als wundertätiger Sohn Gottes, dem nichts unmöglich ist. Noch nicht einmal, Tote aufzuerwecken.
Lazarus Nummer Zwei ist der Held eines Gleichnisses, das Jesus Pharisäern erzählt, von denen das Lukasevangelium sagt, sie redeten „verächtlich“ über ihn.
Dieser Lazarus war ein über und über von Geschwüren bedeckter armer Mann, der vor der Tür eines Reichen im Staub lag, weil er hoffte, von den Resten etwas abzubekommen, die vom Tisch des Prassers fielen. Vergeblich.
Als beide starben, wurde der arme Lazarus von Engeln in den sprichwörtlichen Schoß Abrahams getragen, wo es ihm jetzt überaus wohl erging. Der Reiche, dem von der Bibel kein Name gegönnt wird, kam dagegen in die Hölle, wo er große Qualen erlitt.
Zu allem Unglück konnte er von den Tiefen der Unterwelt offensichtlich nach oben sehen, hinauf zu Lazarus. „Da rief er laut: ‚Vater Abraham, hab Erbarmen mit mir! Schick mir doch Lazarus! Er soll seine Fingerspitze ins Wasser tauchen und meine Zunge ein wenig kühlen, denn das Feuer hier brennt entsetzlich.‘ Aber Abraham sagte: ‚Mein Sohn, denk daran, dass du schon zu Lebzeiten das dir zugemessene Glück erhalten hast, Lazarus aber nur Unglück. Dafür kann er sich nun hier freuen, während du Qualen leidest.‘“ (Lukas 16,24 f)
Lazarus erhält nach dieser Erzählung eine späte, aber dafür auch endgültige Wiedergutmachung für ein irdisches Leben in Not. Wenn alle davon wüssten, könnte das nicht ein Warnzeichen sein? Der Reiche sieht es so, er fleht deshalb: „Vater Abraham, dann schick Lazarus doch wenigstens in mein Elternhaus! Ich habe noch fünf Brüder. Er soll sie warnen, damit sie nicht auch an diesen schrecklichen Ort kommen!“ (Lukas 16,27 f)

Auch dieser Wunsch wird von Abraham jedoch mit der schlüssigen Begründung abgelehnt, seine Brüder hätten schließlich bereits die Gesetze des Mose und die Weisungen der Propheten und seien damit doch wohl genug davor gewarnt, den Weg der Tugend zu verlassen.
Lässt sich aus beiden Geschichten nun etwas lernen? Jesus hält sich da ausnahmsweise einmal etwas zurück …

Lot

Unter dem Gesichtspunkt öffentlicher Bekanntheit ist der biblische Lot eher ein Verlierer. Obwohl der Neffe des Stammvaters Abraham in den Augen Gottes zu den Gerechten zählt und er sogar durch persönliches Eingreifen Gottes vor der Vernichtung gerettet wurde, dürfte er bekanntheitsmäßig weit hinter seiner Ehefrau zurückstehen. Dabei wird die im Alten Testament noch nicht einmal namentlich erwähnt: Sie sticht allein durch ihre unbezähmbare Neugier hervor. Gegen göttliches Gebot wendet sie sich um, um noch einmal einen Blick auf das wegen seiner moralischen Verkommenheit brennende Sodom zu werfen – und wird daraufhin von Gott in eine Salzsäule verwandelt: der wahrscheinlich berühmteste Stalagmit der Weltgeschichte.

Doch erzählen wir die Geschichte von Anfang an. Lot hatte zunächst gemeinsam mit Abraham Viehzucht betrieben, sich dann jedoch von ihm trennen müssen, weil das Land die größer gewordenen Herden der beiden nicht mehr ernähren konnte. Lot siedelte sich daraufhin in Sodom im wasserreichen Jordantal an.
Mit Sodom hatte er allerdings eine schlechte Wahl getroffen,

denn die Stadt erregte wegen ihrer Sittenlosigkeit bald den Ärger Gottes, der aus diesem Grund plante, sie zu vernichten. Um sie ein letztes Mal zu prüfen, schickte er zwei seiner Engel nach Sodom, die – unerkannt – von Lot freundlich aufgenommen wurden. Nachdem der städtische Mob allerdings vergeblich versucht hatte, sie zu vergewaltigen, war es um die Stadt geschehen: Nach Gottes Willen sollte sie nun in einem Regen aus Feuer und Schwefel untergehen.

Allein Lot und seine Familie – na gut, mit Ausnahme von Lots Frau – wurden von Gott gerettet. So weit, so gut.

Teil Zwei der Geschichte Lots ist moralisch etwas ambivalenter. Er gibt Zeugnis davon, wie eng die Verbindung von Sexualität und Fortpflanzung damals war und welche zentrale Rolle die Erhaltung und Absicherung von Familie oder Stamm spielte.

Lots beide Töchter hatten die Flucht aus Sodom zwar körperlich wohlbehalten, aber auch ziemlich einsam überstanden. Weit und breit war für sie kein Bräutigam in Sicht, da alle heiratsfähigen Männer ihrer sündigen Heimatstadt ja mit dieser Stadt untergegangen waren.

In dieser scheinbar ausweglosen Situation verfielen sie auf eine verwegene Idee, um den Nachwuchs für ihre Familie doch noch zu sichern. Die Ältere überredete die Jüngere: „Komm, wir geben unserem Vater Wein zu trinken und legen uns zu ihm, damit wir von ihm Kinder bekommen!" (Genesis 19,32)

Der offensichtlich dem Alkohol durchaus zugetane Lot merkte nicht, welches Spiel seine beiden Töchter mit ihm spielten. Volltrunken, aber auf wunderbare Weise offensichtlich immer noch zeugungsfähig, schlief er an zwei aufeinanderfolgenden Nächten mit ihnen und sorgte so für den ersehnten Nachwuchs. Über seine im Inzest gezeugten Söhne Moab und Ammon wurde er so zum Stammvater der Moabiter und Ammoniter.

Bemerkenswert an dieser nach heutigen Maßstäben höchst unmoralischen Geschichte ist vor allem, dass sich weder beim himmlischen Herrn sein berühmter alttestamentlicher Zorn regt, noch zeigen die Töchter Schuldgefühle, und ihr Vater wundert sich auch nicht über das plötzliche Auftauchen zweier Nachkommen, für deren Erscheinen es ja nur eine einzige – und für ihn eher peinliche – Begründung geben kann. Überraschenderweise findet das Alte Testament den von Lot und seinen Töchtern praktizierten Inzest also nicht so belangreich, dass es über ihn auch nur ein Wort des Missfallens verlöre.
Ein bisschen Sodom ist doch irgendwie überall …

Luther

Eigentlich hatte er es ja gar nicht so gemeint. Der Reformator Martin Luther, ein Theologe, ohne den sowohl die Welt- wie auch die Kirchengeschichte anders verlaufen wäre, hatte gar nicht die Absicht, eine neue Kirche zu gründen. Und dennoch: Der Mönch, Doktor der Theologie und Professor der Bibelkunde brachte im Jahr 1517 mit dem – historisch nicht eindeutig belegten – Anschlag seiner 95 Thesen an die Tür der Schlosskirche zu Wittenberg eine Entwicklung ins Rollen, die auch ihn selbst manchmal zu überrollen drohte. Seine wortgewaltige Verdammung der päpstlichen Praxis, zur Aufhebung der himmlischen Sündenstrafen gegen schnödes Bargeld sogenannte „Ablassbriefe" zu verkaufen, veränderte das bis dato weitgehend einheitliche Kirchenbild bis heute.
Luther ist sicher noch vor den Schweizern Johannes Calvin und Ulrich Zwingli der bedeutendste Reformator des Christentums. Er wurde am 10. November 1483 im heute sächsisch-anhaltinischen Eisleben als Sohn der Eheleute Hans und Mar-

garethe Luther geboren, die es mit der Schreibung ihres später weltberühmten Nachnamens allerdings damals noch nicht so genau nahmen: Der kleine Martin kann auch Loder, Lüder, Luder oder Ludher genannt worden sein. Zu Martin Luther machte er sich selbst erst irgendwann um 1512 oder sogar erst 1517. Da hatte er schon ein ziemlich bewegtes Leben hinter sich. Nach dem Wunsch des Vaters hatte er zunächst begonnen, Jura zu studieren, ein wahrhaft himmlisches Ereignis hatte ihn jedoch zur Theologie gebracht: Als er im Jahr 1505 bei Stotternheim in der Nähe von Erfurt in ein Gewitter geriet, versetzten ihn die rund um ihn einschlagenden Blitze derart in Angst, dass er gelobte, Mönch zu werden, sollte er das Unwetter nur überleben.

Nun, er wurde von keinem Blitz getötet, und so trat er nur wenig später dem Orden der Augustiner-Eremiten bei, wo er ein strenges Mönchsleben führte. So ernst nahm er seine Berufung, dass er schon 1507 zum Priester geweiht wurde und fünf Jahre später in Wittenberg den theologischen Doktorgrad erwarb. Unmittelbar danach übernahm er den Lehrstuhl für Bibelauslegung, den er bis zu seinem Tod im Jahr 1546 behielt.

Nicht nur als akademischer Lehrer, sondern ebenso auch als praktischer Seelsorger fühlte sich Luther gezwungen einzugreifen, als ab 1515 unter anderem der Dominikanermönch Johannes Tetzel als wohl bekanntester Ablassprediger der Geschichte durch die deutschen Lande zog, um mit dem Verkauf von sogenannten „Ablassbriefen“ dem Papst in Rom Geld zu besorgen. Es sollte dazu dienen, den Neubau des der päpstlichen Prachtentfaltung dienenden Petersdoms fertigzustellen. Luther sah in diesem „Deal“ eine kirchliche Verderbtheit, weil der Ablasshandel zumindest den Anschein trug, als könnte Gott käuflich sein. Am 31. Oktober 1517, dessen jährliche Wiederkehr heute noch als „Reformationstag“ gefeiert wird, veröf-

fentlichte er deshalb seine berühmten 95 Thesen zur Klärung der Kraft der Ablässe.
Luthers Theologie setzte Gott und den Menschen wieder in ein direktes Verhältnis, das keiner Vermittlung durch die Kirche bedurfte. Er berief sich dabei unter anderem auf den Brief des Apostels Paulus an die Römer, in dem Paulus unmissverständlich verneint, dass der Mensch sich quasi aus eigener Kraft in den Himmel emporarbeiten könne: „Nur auf den vertrauenden Glauben kommt es an, und alle sind zu solchem Glauben aufgerufen.“ (Römer 1,17)
Luther leitete daraus ab, dass ein sündiger Mensch sich die Liebe Gottes nicht durch gute Taten, gute Worte oder gar durch Spenden guten Geldes verdienen könne. Nach Luther ist Gott absolut unbestechlich, deshalb könne es auch nicht auf das menschliche Tun und Lassen hier auf der Erde, sondern allein auf die Gnade Gottes ankommen, wenn es darum geht, die durch Sünden gestörte Beziehung zwischen Gott und den Menschen zu heilen. Evangelische Theologen pflegen das etwas komplizierter ausdrücken: Die Rechtfertigung des Menschen geschieht allein durch die Gnade Gottes.

Luthers Thesen konnten dem Vatikan naturgemäß nicht gefallen. In Rom leitete man daher ein Verfahren gegen den augenscheinlich höchst widerspenstigen Professor in Wittenberg ein: Er sollte widerrufen.
Da er das nicht tat, keine von beiden Seiten nachgeben wollte und der durch die Ereignisse förmlich nach vorn getriebene Reformator zusätzlich in die Mühlen der Politik geriet, kam es, wie es kommen musste. Luther wurde 1521 vor den Reichstag nach Worms zitiert, um dort vor Kaiser Karl V. seine Thesen zurückzunehmen oder mit der Reichsacht belegt zu werden und als Ketzer sein Leben zu verlieren.

Zur theologischen Folklore gehört es, Luther bei seinem Auftritt im Wormser Verhandlungssaal die selbstbewussten Worte in den Mund zu legen: „Hier stehe ich, ich kann nicht anders!" Gesagt hat er sie allerdings nie, das Ende seiner Rede lautet viel bescheidener; Luther schließt mit einer betenden Bitte: „Gott helfe mir, Amen!"

Mit diesem ohne Widerruf geendeten Verfahren war Luthers Leben akut bedroht. Zwar hatte ihm der Kaiser freies Geleit zugesichert, schon kurz nach seiner Abreise aus Worms wurde über ihn nun aber tatsächlich die Reichsacht verhängt, was ihn vogelfrei machte, d. h. jedermann konnte ihn ungestraft töten.

Um das zu verhindern, ließ ihn der sächsische Kurfürst Friedrich der Weise kidnappen und heimlich auf die Wartburg bei Eisenach bringen. Als vorgeblicher „Junker Jörg" verbrachte er dort zehn Monate und übersetzte in dieser Zeit die Bibel ins Deutsche. Dadurch machte er sie mittels des gerade erfundenen Buchdrucks nicht nur für die meisten Gläubigen erstmals zugänglich, er legte zugleich auch den Grundstein für das moderne Hochdeutsch.

Ein Happy End? Nicht unbedingt. Zwar fand der Priester Luther – auch hier zum Entsetzen des offiziellen Katholizismus – in der Heirat mit der ehemaligen Nonne Katharina von Bora offensichtlich sein persönliches Glück, zu einer Wiederannäherung mit der katholischen Kirche kam es für ihn jedoch nie mehr. Ganz im Gegenteil. Mit der Reformation und der katholischen Gegenreformation entwickelte sich eine lange Zeit der konfessionellen Kriege. Millionen Menschen verloren – nicht nur im berüchtigten Dreißigjährigen Krieg – ihr Leben, große Teile Europas wurden verwüstet und konfessionelle Grenzen teilen die Welt noch immer.

Andererseits hat Martin Luther die Tür zu einem Glauben aufgestoßen, der verstärkt auf die Verantwortlichkeit des Einzelnen und auf sein persönliches Gewissen setzt. Ein Christ steht in der Welt laut Luther nicht auf einem festen, durch göttliche Ordnung und kirchliche Ausdeutung vorgegebenen Platz, sondern er hat sich diesen Platz in der „Freiheit eines Christenmenschen“ – so der Titel eines seiner Hauptwerke – selbst zu suchen, angeleitet durch das Bewusstsein, von Gott um seiner selbst willen geliebt zu sein.

500 Jahre nach der Veröffentlichung seiner Thesen hat indes selbst der Vatikan inzwischen seinen Frieden mit dem Reformator gemacht, wenigstens teilweise.

Pünktlich zum Reformationsjubiläum brachte die Vatikanische Post eine Sondermarke zum historischen Anlass heraus. Auf ihr ist ein Motiv des aus dem 19. Jahrhundert stammenden Portals der Wittenberger Schlosskirche zu sehen: Auf dem Bild knien Martin Luther mit einer deutschen Bibel und Philipp Melanchthon mit einer Ausgabe des Augsburger Bekenntnisses unter dem Kreuz Christi.

Mit der Marke wolle man nicht Luther feiern, heißt es dazu in Rom, sondern: „Die Briefmarke will ausdrücken, dass es nur einen Christus gibt, zu dessen Füßen sowohl Protestanten wie Katholiken knien.“ Nach Jahrhunderten voller Konflikte und Kriege ist das immerhin schon ein gewaltiger Fortschritt …

Maria

Maria (hebräisch: Mirjam), von der es anders als etwa bei Maria aus Magdala – oder eben Maria Magdalena – in der Bibel keinen Beinamen gibt, ist für Christen eine der wichtigsten biblischen Personen. Sie ist die Mutter Jesu und deswegen gleichzeitig – so der ihr schon in Zeiten des frühen Christentums verliehene Ehrentitel – die „Gottesgebärerin“ oder Gottesmutter.

Ob sie als solche indes Jungfrau war und blieb, ist trotz einer ebenfalls uralten christlichen Lehre von einer „Jungfrauengeburt“ umstritten. In den Evangelien wird die jungfräuliche Geburt beispielsweise überhaupt nur bei Matthäus und Lukas ausdrücklich erwähnt. Offensichtlich geschieht dies vor allem, um Jesu auf eine herausgehobene Position zu heben und ihn von Anfang an als den kommenden Messias seines Volkes kenntlich zu machen. Der Evangelist Markus hält sich mit dieser Frage, die ohnehin auch nur auf einem schlichten Übersetzungsfehler des Propheten Jesaja beruhen könnte, gar nicht erst auf und beginnt seine Heilsgeschichte gleich mit der Taufe Jesu durch Johannes und dem auf sie folgenden öffentlichen Wirken Jesu in Galiläa. Johannes, dessen Evangelium als letztes der vier biblischen Evangelien um das Jahr 100 geschrieben wurde, erwähnt eine Jungfrauengeburt ebenfalls nicht.

Der Apostel Paulus ist nicht auskunftsfreudiger. In seinem

Brief an die Gemeinden im kleinasiatischen Galatien umreißt er die Aufgabe Jesu nur nahezu wortkarg: „Als aber die Zeit gekommen war, sandte Gott seinen Sohn. Der wurde als Mensch geboren und dem Gesetz unterstellt, um alle zu befreien, die unter der Herrschaft des Gesetzes standen. Durch ihn wollte Gott uns als seine mündigen Söhne und Töchter annehmen.“ (Galater 4,4 f)

Maria, immerhin die Gottesmutter, wird von Paulus nicht einmal namentlich erwähnt. In dieses Bild passt es auch, dass über ihre eigene Herkunft fast nichts bekannt ist, außer dass sie der Legende nach aus Jerusalem, Nazaret oder dem benachbarten Sepphoris (Zippori) stammt und dass dem apokryphen, d. h. nicht zu den offiziellen Texten der Bibel gehörenden Evangelium des Jakobus zufolge ihre Eltern ein jüdisches Paar namens Joachim und Anna waren.

Für Marias Leben bedeutete die unvergleichliche Ehrung, die Mutter von Gottes Sohn zu sein, denn auch keinesfalls eine Befreiung von allen Sorgen ihres Daseins. Ihr Leben mag vieles gewesen sein, konfliktlos und einfach war es sicher nicht.

Da war zunächst die ihr von einem Engel verkündete göttliche Auserwählung, die ihr ganzes Leben und als Erstes natürlich das Verhältnis zu dem von ihren Eltern für sie ausgesuchten Ehemann Josef auf den Kopf gestellt hatte. Dann die beschwerliche Reise der hochschwangeren Maria nach Betlehem, die Niederkunft in einem Stall oder in einer Höhle auf dem freien Feld und schließlich die überstürzte Flucht der jungen Familie vor den terroristischen Mordplänen des Königs Herodes nach Ägypten.

Und damit fing die Geschichte Marias ja erst an. Es folgten zunächst nur scheinbar ruhigere Jahre. Denn obwohl die vier in die Bibel aufgenommenen Evangelien darüber kaum etwas berichten, dürfte der kleine Jesus kein ausgesprochen einfaches Kind gewesen sein.

So muss es Maria wie nur irgendeine Mutter wohl sehr geschmerzt haben, als ihr zwölfjähriger Sohn sich in einer gegenüber seinen irdischen Eltern nicht sehr rücksichtsvollen Aktion von ihnen abzunabeln versuchte. Wie das Lukasevangelium berichtet, blieb er nach dem traditionellen österlichen Tempelbesuch seiner Eltern einfach heimlich in Jerusalem und kehrte nicht mit der Pilgergruppe nach Nazaret zurück. Maria und Josef ließ er ohne einen Hinweis und ohne ein Lebenszeichen.
Drei Tage dauerte es, bis die beiden ihn wiedergefunden hatten. Jesus hockte im Tempel bei den Schriftgelehrten und diskutierte mit ihnen wie ein Erwachsener. Als seine Mutter ihn mit dem heute wie damals verständlichen Vorwurf begrüßte: „Kind, warum hast du uns das angetan? Dein Vater und ich haben dich überall gesucht und große Angst um dich ausgestanden." (Lukas 2,48), antwortete er nur mit dem überheblichem Unverständnis der Pubertät: „Warum habt ihr mich denn gesucht? Habt ihr nicht gewusst, dass ich im Haus meines Vaters sein muss?" (Lukas 2,49)
Maria ließ sich von solcher für sie laut Bibel unverständlichen Zurückweisung nicht erschüttern. Sie war und blieb trotzdem stolz auf ihren Sohn; das wird nicht zuletzt Jahre später bei der berühmten Hochzeit zu Kana deutlich. Maria, für die Jesus ja nie nur ein einfacher Zimmermannssohn gewesen sein konnte, handelte auf diesem Fest mit dem unverkennbaren Stolz einer Mutter, die weiß, dass ihr Kind zu Höherem berufen ist. In ihrem Fall sogar zu Allerhöchstem.
Als der Hochzeitsgesellschaft die Getränke auszugehen drohten, musste sie ihren Sohn deshalb gar nicht ausdrücklich um ein Wunder bitten. Was sie von ihm erwartete, drückte sie einfach mit einer simplen Beobachtung aus: „Sie haben keinen Wein mehr!"
Wie schon im Jerusalemer Tempel, reagierte Jesus auch in die-

sem Augenblick wieder erstaunlich unwirsch. Er wirkt wie jemand, dem sein endgültiges Schicksal zwar klar ist, der dem Gang der Ereignisse aber unter keinen Umständen vorgreifen will: „Frau, das ist meine Sache, nicht deine! Meine Stunde ist noch nicht gekommen.“ (Johannes 2,4)
Maria, die hier wie übrigens sonst an keiner anderen Stelle des Johannesevangeliums mit Namen genannt wird, ließ sich von der Schroffheit ihres Sohnes allerdings nicht abschrecken. Ihr Leben in einer auf Männer zentrierten Gesellschaft hatte sie gelehrt, mit herben Tönen dieser Art umzugehen. Sie kannte ihren Sohn, und in der Gewissheit einer Wendung zum Guten konnte sie deshalb auch ohne Zusage eines Wunders die Diener auffordern: „Tut alles, was er euch befiehlt!“ (Johannes 2,5)
Das kam dann auch tatsächlich. Den Feiernden von Kana ging ihr Wein nicht nur nicht aus, sie wurden vom Gottessohn in seiner ersten Wundertat überhaupt sogar mit einer Qualität versorgt, auf die sie vorher hatten verzichten müssen.
Während der drei folgenden Jahre des öffentlichen Wirkens Jesu auf der Erde stand Maria dann allerdings im Hintergrund. Sie hatte es sogar hinzunehmen, dass ihr Sohn sich vor aller Augen von ihr distanzierte und die Rolle der Familie herunterspielte: „Wer tut, was Gott will, der ist mein Bruder, meine Schwester und meine Mutter!“ (Markus 3,35)
Es ist zwar mehr als nur wahrscheinlich, dass Maria Jesu vielfältige Auftritte und Predigten wenigstens von Fern verfolgte, an eine prominente Stelle rückte sie aber erst wieder, als ihr Sohn schon sterbend am Kreuz hing.
Voller Schmerzen war sie zu seiner Hinrichtung gekommen, um nun von ihrem bereits vom Tode gezeichnete Sohn selbst getröstet zu werden. Alle Schroffheit, alle Kühle waren verschwunden, denn als Jesus neben Maria seinen – nicht mit dem gleichnamigen Evangelisten zu verwechselnden – Lieblings-

jünger Johannes stehen sah, sprach er zunächst zu ihr: „Frau, er ist jetzt dein Sohn!“ und dann zu seinem Jünger: „Sie ist jetzt deine Mutter!“

Das Evangelium bilanziert diese dramatische Situation: „Von da an nahm der Jünger sie bei sich auf.“ (Johannes 19,27)

Der weitere Weg Marias und damit der Frau, die auf einzigartige Weise Gottes Liebe unter die Menschen brachte, verliert sich sonderbarerweise im Dunkel unterschiedlicher Überlieferungen. Nach der einen von ihnen folgte sie Johannes nach Ephesus, wo sie um das Jahr 50 gestorben sein soll und wo ihr angebliches Sterbehaus bis heute auch von Muslimen geehrt wird, denen sie als „Mutter des Propheten Isa“ gilt.

Nach anderen Legenden starb sie in Jerusalem, wo ihr ebenfalls ein Grab zugeschrieben wird. Es liegt in der Krypta einer Kirche in der Nähe des Löwentors am Rande der Altstadt.

Maria gilt bei katholischen Christen als zentrale Heilige, die als einziger Mensch auch leiblich in den Himmel aufgenommen wurde; sie ist zudem die wohl wichtigste Fürsprecherin in der Stunde des Todes. Bei den göttlichen Entscheidungen des Jüngsten Gerichtes sehen Katholiken sie in einer vermittelnden Position, wie sie Michelangelos Gerichtsdarstellung in der Sixtinischen Kapelle ebenfalls andeutet. Als biblischer Beweis für ihre herausgehobene Stellung wird in diesem Zusammenhang die Offenbarung des Johannes zitiert, die ein großes Zeichen erwähnt, das auf die Person Marias bezogen wird: „Darauf zeigte sich am Himmel eine gewaltige Erscheinung: Es war eine Frau, die war mit der Sonne bekleidet und hatte den Mond unter ihren Füßen und trug auf dem Kopf eine Krone von zwölf Sternen.“ (Offenbarung 12,1)

Maria Magdalena

Ihr Ruf ist zweifelhaft. Bestenfalls. Maria Magdalena, deren Name übrigens erst im späteren Gebrauch zum Doppelnamen wurde und der ursprünglich nicht mehr bedeutete, als dass diese Frau aus dem Fischerdorf Magdala am See Gennesaret stammte, gilt gewissermaßen als das biblische Muster eines gefallenen Mädchens, das dann allerdings wieder auf den Weg der Tugend zurückfand. Und damit nicht genug: Autoren mit viel Fantasie, aber schlechter Quellenkenntnis dichteten ihr zusätzlich noch eine Liebschaft mit Jesus an. Eine solche Affäre, wenn es für sie denn auch nur die geringsten seriösen Anzeichen gäbe, würde sich für das Christentum verhängnisvoll auswirken: Die Glaubwürdigkeit ihres Gründers und ihrer zentralen Gestalt wäre zerstört. Ein Heiland, dessen Umgang mit Frauen keinen Deut besser war als der mancher moderner Medienmogule und Politiker, ist schließlich ein Widerspruch in sich.

Doch nur die Ruhe: Maria Magdalena ist mit ihrem Leben seit den frühesten Tagen der Christenheit schlicht das Opfer von Halb- und Falschinformationen geworden.

Begonnen hatte alles damit, dass der Evangelist Lukas von einem Ereignis berichtet, das durchaus geeignet sein könnte, den christlichen Heiland in ein etwas zweifelhaftes Licht zu setzen: „Ein Pharisäer hatte Jesus zu sich zum Essen eingeladen, und Jesus war gekommen und hatte am Tisch Platz genommen. In jener Stadt lebte eine Frau, die für ihren unmoralischen Lebenswandel bekannt war. Als sie erfuhr, dass Jesus im Haus des Pharisäers zu Gast war, nahm sie ein Alabastergefäß voll Salböl und ging dorthin. Sie trat von hinten an das Fußende des Polsters, auf dem Jesus Platz genommen hatte, und brach in Weinen aus; dabei fielen ihre Tränen auf seine Füße. Da trock-

nete sie ihm die Füße mit ihrem Haar, küsste sie und salbte sie mit dem Öl.“ (Lukas 7,36–38)
In der moralisch mehr als nur höchst korrekten Umgebung Jesu kam dieser Liebesbeweis alles andere als gut an. Sein Gastgeber murrte: „Wenn dieser Mann wirklich ein Prophet wäre, würde er die Frau kennen, von der er sich da berühren lässt; er wüsste, was für eine sündige Person das ist.“ (Lukas 7,39) Jesus, der noch nicht einmal direkt angesprochen wurde, reagiert scharf: „Siehst du diese Frau?“ fährt er den Pharisäer an. „Ich bin in dein Haus gekommen, und du hast mir kein Wasser für meine Füße gereicht; sie aber hat meine Füße mit ihren Tränen benetzt und mit ihrem Haar getrocknet. Du hast mir keinen Kuss zur Begrüßung gegeben; sie aber hat, seit ich hier bin, nicht aufgehört, meine Füße zu küssen. Du hast meinen Kopf nicht einmal mit gewöhnlichem Öl gesalbt, sie aber hat meine Füße mit kostbarem Salböl gesalbt. Ich kann dir sagen, woher das kommt. Ihre vielen Sünden sind ihr vergeben worden, darum hat sie mir viel Liebe erwiesen. Wem aber wenig vergeben wird, der liebt auch wenig.“ (Lukas 7,44–47)
Zwei Dinge sind an dieser Geschichte bemerkenswert: Zum Ersten ist ein Tadel aus den Worten Jesu kaum herauszulesen, er akzeptiert vielmehr den Lebenswandel der Frau zu seinen Füßen voraussetzungslos. Sie habe viel – und vermutlich sogar viele – geliebt, führt er wie zu ihrer Entschuldigung an, deswegen könne sie quasi im Gegenzug auch ein Übermaß an Vergebung erwarten.
Anders als viele damalige und spätere Anhänger verurteilt Jesus die Sünderin mit dem Salböl nicht. Er schließt niemanden von seinem Heilsversprechen aus, sondern er widmet sich denen besonders, die seine Zuwendung besonders brauchen. Oder, wie er selbst es an anderer Stelle einmal anschaulich ausdrückt: Jesus will ein Arzt für die Kranken sein und nicht für die Gesunden.

Nirgendwo in der Bibel findet sich zweitens ein Hinweis darauf, dass es sich bei der namenlosen Frau, die sich Jesus zu Füßen warf, um Maria Magdalena gehandelt haben könnte. Unglücklicherweise taucht sie jedoch ausgerechnet im Folgekapitel des Lukasevangeliums wirklich auf, und diese Abfolge führte einige Menschen anscheinend in die Irre. Maria Magdalena wird namentlich als eine der Frauen genannt, die Jesus auf seinen Wanderungen begleiteten, und bei ihr persönlich wird noch hinzugefügt, dass Jesus ihr zuvor sieben böse Geister ausgetrieben hatte. Für einige Bibelleser schien damit alles klar zu sein: Bei diesen Geistern kann es sich nur um Dämonen der Sexualität gehandelt haben, die Sünderin mit dem Salböl und Maria Magdalena wurden zu ein und derselben Person!

Für diese leichtfertige Gleichsetzung gibt es indes keinen Beleg. Außer aus einer gewissen Lust am Skandal könnte sie sich allenfalls daraus erklären, dass zur Zeit Jesu der Name „Maria“ offensichtlich so beliebt war, dass Frauen mit diesem Namen im Neuen Testament gleich mehrfach auftauchen und dass selbst Theologen und Religionswissenschaftler es leider manchmal an Sorgfalt und Gewissenhaftigkeit fehlen lassen.

Die katholische Kirche gestand jedenfalls erst im Jahr 1969 ihren Irrtum ein: Erst zu diesem Zeitpunkt befreite sie Maria Magdalena offiziell von dem Verdacht, gegen Geld geliebt zu haben.

Nach allem, was wir wissen, hätte Maria Magdalena einen besseren Ruf verdient als den, der ihr lange anhaftete. Nach allem, was die Bibel hergibt, muss sie eine selbstbewusste Frau gewesen sein, die von Jesus geschätzt wurde und die den Männern in seiner Umgebung in jeder Weise gleichwertig war. Dafür spricht nicht nur, dass sie ihren Namen aus ihrem Herkunftsort und nicht – wie sonst üblich – von ihrem Ehemann oder ihrem Vater ableitete. Auch ihre Rolle bei der Verhaftung und Verurteilung Jesu, bei seiner Kreuzigung und schließlich vor allem am Ostermorgen deuten auf eine herausgehobene Stellung hin. Sie war der erste Mensch, dem sich Jesus nach seiner Auferstehung zeigte: Die Männer in seiner Umgebung hatten sich da alle noch verkrochen, sicherlich aus Trauer, aber ein bisschen sicher auch aus Furcht.

Märtyrer

Unter einem Märtyrer verstehen Christen einen Menschen, der um seines Glaubens willen Verfolgung erleiden musste oder sogar sein Leben verlor. Der Begriff selbst findet sich in der christlichen Glaubenswelt seit dem 2. Jahrhundert, eine Tradition des Martyriums gab es jedoch bereits im Alten Testament. Im biblischen Buch jenes Daniel, der nicht zuletzt in der Erzählung mit dem berühmten „Menetekel“ (s. weiter unten, S. 159) dem babylonischen Kronprinzen Belschazzar seinen unmittelbar bevorstehenden Untergang prophezeite, diente es als Test der Gottestreue des jüdischen Volkes in Zeiten der Verfolgung: „Das Volk Gottes muss geprüft werden, damit es am Ende rein und geläutert dasteht.“ (Daniel 11,35)
Damals wie in den späteren Tagen des Christentums war ein erlittenes Martyrium für die Zurückgebliebenen also auch immer ein Vorbild, in ihrem Glauben noch fester zu bleiben. Selbst auf die andersgläubige Gesellschaft machte es offensichtlich und oft genug Eindruck und trug damit im Falle des Christentums zu einem Wachsen der neuen Religion bei.
Unvorbereitet waren die frühchristlichen Märtyrer freilich nicht gewesen, denn ihr Herr hatte die Zeiten der Verfolgung

seiner Anhängerinnen und Anhänger vorausgesehen. Mit einer zu einem klassischen Satz gewordenen Warnung hatte Jesus sie folglich darauf vorbereitet, was auf sie zukommen würde: „Ich sende euch wie Lämmer mitten unter Wölfe." (Lukas 10,3)

Als erster christlicher Märtyrer gilt ein gewisser Stephanus, der von den Aposteln persönlich ausgewählt worden war, um als einer von sieben Diakonen die Botschaft Jesu in Jerusalem zu verkünden. Die dortigen Juden werteten seine Predigten jedoch als Angriff auf ihren Glauben. Sie verhafteten ihn und stellten ihn vor das Gericht ihres Hohen Rates, der ihn in einem kollektiven Wutanfall durch Steinigung tötete.

Stephanus blieb indes auch im Leid standhaft und bat Jesus im Tod sogar noch um Verzeihung für seine Peiniger: „Während sie ihn steinigten, bekannte sich Stephanus zu Jesus, dem Herrn, und rief: ‚Herr Jesus, nimm meinen Geist auf!' Dann fiel er auf die Knie und rief laut: ‚Herr, strafe sie nicht für diese Schuld!' Mit diesen Worten starb er." (Apostelgeschichte 659 f)

Die Zeit der Märtyrer ist leider noch nicht vorbei. Sie fanden sich in jüngerer Vergangenheit als standhafte christliche Kämpfer gegen die Gewalttaten des Nationalsozialismus, sie fanden sich als Opfer des Kommunismus in seinen unterschiedlichen Ausprägungen und sie finden sich aktuell vor allem als Opfer eines Islam, der zum terroristischen Islamismus degeneriert ist.

Menetekel

Dieses Wort hat bis heute seinen geheimnisvollen Klang nicht verloren. Es steht in unserer vornehmlich von jüdisch-christlichen Traditionen geprägten Gesellschaft für ein Zeichen, das auf ein drohendes und in aller Regel unabwendbares Unheil hinweist. Die Geschichte des Alten Testaments, aus der es stammt, ist entsprechend dramatisch.

Angefangen hat alles damit, dass der babylonische Kronprinz Belschazzar[3] eine Art Staatsempfang organisiert hatte, der irgendwann etwas aus dem Ruder lief. Die Lutherbibel formuliert das in ihrer neuesten Übersetzung ziemlich drastisch: „König Belschazzar machte ein herrliches Mahl für seine tausend Mächtigen und soff sich voll mit ihnen." (Daniel 5,1)

Im Rausch ließ er die prunkvollen Gold- und Silbergefäße bringen, die die Babylonier bei ihrer Einnahme Jerusalems im dortigen Tempel erbeutet hatten, damit die Anwesenden daraus ihren Wein trinken konnten. Gedacht war diese Entweihung sakraler Gegenstände eindeutig als persönliche Machtdemonstration und Provokation der in die babylonische Gefangenschaft gezwungenen Juden und ihres Gottes. Bei dem alkoholträchtigen Gelage wurden nämlich – wie die Bibel süffisant anmerkt – „die Götter aus Gold und Silber, aus Bronze, Eisen, Holz und Stein" gepriesen.

Der Gott Israels ließ sich diese offensichtliche Missachtung seiner Position als alleiniger Herr und Gott verständlicherweise nicht lange gefallen. An einer gut sichtbaren Stelle, die von einem der Leuchter des Festsaales erhellt wurde, erschien eine Hand, die rätselhafte Worte auf die gekalkte Palastwand schrieb.

Die geheimnisvolle Botschaft ließ Belschazzar erbleichen, ihm „schlotterten die Knie", wie die Lutherbibel ein zweites

Mal sehr plastisch formuliert. Um seinen Körper wieder unter Kontrolle zu bringen und ein Gegenmittel gegen seine Angst zu finden, rief Belschazzar umgehend sämtliche Weisen, Wahrsager, Magier und Sterndeuter Babylons zusammen. Der demoralisierte Despot versprach demjenigen höchste Ehren, der ihm die Schrift verständlich machen könnte; ohne Ausnahme scheiterten jedoch alle an dieser Aufgabe.

Nach diesem Fehlschlag breitete sich noch mehr Angst bei Belschazzar und seinen Gästen aus, erst die herbeigeeilte Königin konnte für etwas Beruhigung sorgen. Sie riet ihrem Mann, einen gewissen Daniel holen zu lassen, den sein Großvater, der berühmte König Nebukadnezzar, quasi zu seinem persönlichen Propheten ernannt hatte und von dem es hieß, er könne die geheimnisvollsten Dinge erklären. Pikant dabei: Dieser Daniel, dem im Alten Testament ein eigenes Buch zugeschrieben wird, ist einer der Juden, die durch Nebukadnezzar erst nach Babylon verschleppt worden waren.

Um es kurz zu machen: Daniel erscheint, bekommt vom immer noch höchst nervösen Belschazzar dieselben Versprechungen gemacht wie die erfolglosen Deuter der Vorrunde, verzichtet jedoch auf jede Belohnung und erinnert Belschazzar stattdessen an das schlimme Schicksal Nebukadnezzars. Den hatte Gott nämlich wegen seiner überheblichen Machtbesessenheit in den Wahnsinn fallen lassen.[4]

Daniel wirft Belschazzar vor, ebenfalls Gott missachtet und sich mit ihm auf eine Stufe gestellt zu haben: „Du hast den höchsten Herrn herausgefordert und dir die heiligen Gefäße seines Tempels bringen lassen. Du hast mit den starken Männern deines Reiches, deinen Frauen und Nebenfrauen daraus Wein getrunken und die Götzen gepriesen, die keinen Verstand besitzen und noch nicht einmal hören und sehen können. Ausgerechnet dem Gott aber, der dein Leben in der Hand hat und dein Schicksal bestimmt, hast du die Ehre verweigert. Er hat dir deshalb diese Hand geschickt und diese geheimnisvolle Schrift an die Wand schreiben lassen.“ (Daniel 5,23 ff) Dann löst er das Rätsel: „Was da geschrieben steht, lautet: ‚Mene mene tekel u-parsin‘.“

Diese Worte, die unsere Umgangssprache auf ein einfaches „Menetekel“ verkürzt hat, sind vermutlich aramäischen Ursprungs und eventuell in hebräischen Buchstaben geschrieben gewesen, was erklären könnte, warum die babylonischen Weisen sie nicht lesen konnten. Eventuell konnten sie sie auch lesen, konnten ihre Bedeutung aber nicht erklären, denn auf einer oberflächlichen Ebene hatten sie zunächst etwas mit Gewichts- oder Geldeinheiten und damit mit einem Marktgeschehen zu tun. „Gezählt, gewogen und geteilt“ stand da nämlich an der Wand.

Daniel war der Erste, der mit dieser knappen Botschaft etwas anfangen konnte. Er übersetzte Belschazzar ihre Bedeutung so, dass sie in seinen Horizont als Machtmensch passten: „Gezählt hat Gott die Tage deiner Herrschaft – und ihr ein Ende gemacht. Gewogen hat er dich – und zu leicht gefunden. Zerteilt hat er dein Reich und es den Medern und Persern gegeben.“ (Daniel 5,26 ff)

Belschazzars Schicksal war mit diesem Urteil des jüdischen Gottes besiegelt, seine eigenen und – da menschengemacht – ganz offensichtlich machtlosen babylonischen Götter konnten ihm nicht mehr helfen. Nach dem Bericht der Bibel wurde er noch in derselben Nacht umgebracht. Die knappen Worte an der Wand sind damit auch als Warnung für zukünftige Generationen zu verstehen: Gott sieht alles und er bestraft diejenigen, die gegen ihn und seine Gesetze freveln.

Diese Geschichte einer anmaßenden Herausforderung Gottes hat Künstler zu allen Zeiten fasziniert. Rembrandt verarbeitete sie im siebzehnten Jahrhundert zu seinem berühmten Gemälde „Das Gastmahl des Belsazar" und Heinrich Heine ließ sich von ihr im Jahr 1820 zu seiner Ballade „Belsatzar" anregen, die später von Robert Schumann vertont wurde.

Messias

Der Titel „Messias" – oder auf Hebräisch „Maschiach" – ist gleichbedeutend mit dem griechischen „Christos" oder dem lateinischen „Christus": Alles bedeutet „Gesalbter".
Unter einer Salbung ist dabei das Begießen bzw. Einreiben mit einem wertvollen Öl oder einer kostbaren Creme zu verstehen. Es war der Ausdruck besonderer Wertschätzung gegenüber Gästen, im religiösen oder politischen Bereich drückte es zudem eine besondere Beziehung zu Gott aus: Wer gesalbt war, galt als von Gott erwählt. Der Gesalbte handelte in seinem Auftrag und war von ihm deshalb in besonderem Maße mit Kraft, Stärke, Macht und Einfluss versehen.
Zur Zeit Jesu wurde unter dem Messias jemand verstanden, der dem unter römischer Besetzung lebenden und leidenden Judentum wieder zu altem Glanz und alter Stärke verhelfen sollte; der Begriff wurde insofern durchaus politisch als der eines Befreiers verstanden: wie gemacht für den Mann, der landauf landab Umkehr und Erneuerung predigte. Jesus selbst bezeichnete sich freilich nie als Messias, er wurde von seinen Jüngern und Anhängern dennoch aber durchaus als ein messianischer Retter aus der damaligen Not gesehen. Darauf deutet nicht zuletzt die berühmte Tafel an seinem Kreuz mit der Abkürzung „INRI" hin, von der das Johannesevangelium berichtet: „Pilatus ließ ein Schild am Kreuz anbringen; darauf stand: ‚Jesus von Nazaret, der König der Juden'." (Johannes 19,19)

Die urchristlichen Gemeinden übernahmen schnell die Sichtweise, dass Jesus der bereits vom Alten Testament angekündigte Retter oder eben Messias sei. Um das auch in ihrer Sprache besonders spürbar zu machen, begannen sie bald, dem Namen „Jesus“ den Titel „Christus“ beizufügen, der schließlich nichts anderes bedeutet als „Messias“. Nur eben in der wichtigsten Sprache der antiken Welt ausgedrückt.
Der Beginn des Markusevangeliums ist vor diesem Hintergrund als ein unmissverständliches Statement zu verstehen: „Dies ist der Anfang des Evangeliums von Jesus Christus, dem Sohn Gottes.“ (Markus 1,1)

Metuschelach

Von besonders betagten Senioren wird gern behauptet, sie seien alt wie Methusalem (so die alte Schreibweise). Selbst bibelunkundige Menschen benutzen diesen Vergleich oft und gern, macht er doch in einem einzigen Namen deutlich, welches außergewöhnliche Alter jemand erreicht hat. Schlägt man im Alten Testament nach, zeigt sich jedoch sofort, dass selbst die ältesten derzeit auf der Erde lebenden Menschen gegen manche Heroen der Bibel bestenfalls eine vorgerückte Jugend erreichen.
Nach seinem biblischen Stammbaum wurde Adam trotz seiner nicht gerade glücklichen Vergangenheit nach seiner Vertreibung aus dem Paradies noch volle 930 Jahre alt. Sein Sohn Set stand ihm mit 912 Jahren kaum nach und dessen Sohn Enosch brachte es nach dem Zeugnis des Buches Genesis immerhin auf 905 Jahre. Gegen den absoluten Rekordhalter unter den alten Männern der Bibel reicht das jedoch nicht mehr für einen Platz auf dem Siegertreppchen: Der Preis für das höchste je erreichte

menschliche Lebensalter gebührt eindeutig dem heute so oft erwähnten Metuschelach[5]! Der Großvater des Archen-Kapitäns Noach blieb mit seinen 969 Jahren nur knapp unter der Tausendermarke.
Dass heutige Menschen bei Weitem nicht mehr so alt werden wie die biblischen Patriarchen, liegt übrigens nicht an zu viel Stress oder einer irgendwann defizitär gewordenen Ernährungsbilanz: Gott selbst hat nach einer der rätselhaftesten Geschichten der Bibel dafür gesorgt.
Das Alte Testament berichtet davon, dass nach der Vertreibung aus dem Paradies die Zahl der Menschen auf der Erde bald zunahm und sich unter ihren Kindern auch viele offensichtlich überaus attraktive Töchter fanden. Nicht näher beschriebenen Wesen, die von der Bibel nur ebenso knapp wie geheimnisvoll als „Gottessöhne" bezeichnet werden, blieb das nicht lange verborgen, und da sie anscheinend menschlicher Schönheit nicht widerstehen konnten oder wollten, nahmen sie sich diese Schönheiten zu Ehefrauen und zeugten mit ihnen Kinder. Das Buch Genesis beschreibt das Ergebnis eher in positiven Worten: „Damals und auch noch später lebte auf der Erde das Geschlecht der Riesen. Sie waren aus der Verbindung der Gottessöhne mit den Menschentöchtern hervorgegangen und sind als die großen Helden der Vorzeit bekannt." (Genesis 6,4)
Gott selbst scheint mit einem solchen Gang der Dinge jedoch alles andere als zufrieden gewesen zu sein. Wütend zog er deshalb einen Schlussstrich unter das bis dahin kaum beschränkte Altern der Menschen: „Ich lasse meinen Lebensgeist nicht für unbegrenzte Zeit im Menschen wohnen, denn der Mensch ist schwach und anfällig für das Böse. Ich begrenze seine Lebenszeit auf einhundertzwanzig Jahre. (Genesis 6,3)
Metuschelachs modernen Nachfahren dürfte durch diese göttliche Grenzziehung ein auch in der Realität erkennbares Ende

gesetzt worden sein. Eine gewisse Hoffnung auf eine weit überdurchschnittliche Lebenserwartung könnte aber vielleicht dennoch bestehen, denn schon im Buch Genesis findet sich eine Ausnahme vom den Menschen bestimmten Alterslimit: „Nach der großen Flut lebte Noach noch 350 Jahre; er starb im Alter von 950 Jahren.“ (Genesis 9,28 f)
So ganz konsequent ist offenbar selbst Gott nicht immer …

Mose

Der Mann hat Großes geleistet, ein durchweg positiver Held ist er dennoch nicht: Mose, der Mann, der mit seinem Volk vierzig Jahre lang durch die Wüste zog und dem Gott höchstpersönlich auf einem Berg mitten in der Wüste die beiden steinernen Tafeln mit den Zehn Geboten übergab. Obwohl er einer der Giganten des Alten Testaments ist, startet er als Mörder und wird erst mit dieser Hypothek zum Befreier seines Volkes und zum Überbringer von Gesetzen, die nicht nur die jüdische und die christliche Gesellschaft bis heute prägen.
Am Anfang seiner theologisch-politischen Karriere tötet Mose in Selbstjustiz einen Ägypter, der gerade einen seiner hebräischen Landsleute totzuschlagen droht. Sein Gott zeigt sich in der Bibel von diesem Verbrechen und von seinem offensichtlich unbeherrschten Wesen allerdings unbeeindruckt: Er setzt damit ungewöhnliches Vertrauen in einen einzelnen und alles andere als fehlerfreien Menschen, obwohl das, was er mit ihm vorhat, ein logistisches Unternehmen von bis dato unbekannten Ausmaßen darstellt. Der Auszug der Israeliten aus Ägypten ist alles andere als nur die Umsiedlung eines unbedeutenden Familienclans. Wenn man der Bibel glauben will, geht es bei dieser jahrzehntelangen Migrationsbewegung um eine wirkli-

che Völkerwanderung: „Es waren etwa sechshunderttausend, die Frauen, Kinder und Alten nicht mitgezählt. Auch eine erhebliche Zahl von Fremden schloss sich ihnen an. Große Herden von Schafen, Ziegen und Rindern führten sie mit." (Exodus 12,37 f) Alles in allem könnten es nach diesen Angaben, die allerdings nicht die Verlässlichkeit moderner Statistiken für sich beanspruchen dürfen, rund zwei Millionen Menschen gewesen sein, die sich samt ihres Besitzes sowie ihrer Viehherden auf Wanderschaft begaben.[6] Der gottgleiche Pharao am Nil hatte also sehr wohl gute Gründe, sich diesem „Exodus" zu widersetzen. Die plötzliche Auswanderung großer Teile der Bevölkerung seines Landes konnte schließlich selbst einer damals so starken Volkswirtschaft wie der ägyptischen einen Stoß versetzen, von dem sie sich nicht so schnell wieder erholen würde.

Mose hat in dieser komplizierten Lage eine ebenso komplizierte Position als Führer und Vermittler zwischen seinem Gott und seinem Volk. Auf der einen Seite hat er geistig, aber auch ganz real über ein Volk zu herrschen, das immer wieder laut über seine Lebensbedingungen klagt und den göttlichen Willen nicht nur einmal ignoriert. Auf der anderen Seite ist er einem Gott rechenschaftspflichtig, der Ungehorsam gegenüber seinen Weisungen durchaus streng begegnen kann und der sich bei Weitem nicht immer als der barmherzige Vater präsentiert, der unser Urbild des „lieben Gottes" abgibt.

Besonders das Alte Testament zeigt an vielen Stellen, dass Gott auch andere Seiten besitzt und dass er den Menschen keineswegs alles verzeiht. Der Gott Jahwe, der Gott der biblischen Patriarchen und Propheten, ist einer, der den Menschen nicht nur ihre Grenzen setzt, sondern der in aller Regel auch unerbittlich darüber wacht, dass diese Grenzen eingehalten werden. Bei aller Liebe zu den Menschen als seinen Geschöpfen

achtet er sehr genau darauf, dass der Unterschied zwischen Schöpfer und Geschöpf nicht in Vergessenheit gerät.
So begegnet er dem Volk Israel auf dessen Zug durch die Wüste zwar immer wieder in der Rolle des fürsorgenden Hausvaters, der beispielsweise Mose Wasser aus den Felsen schlagen lässt, um den Israeliten zu trinken zu geben, oder der Wachteln schickt, um die hungernden Menschen zu ernähren.
Mindestens ebenso oft zeigt er sich aber auch als ein strenger Herrscher. Am Berg Sinai verfügt er etwa unmissverständlich: „Nehmt euch in Acht! Steigt nicht auf den Berg, berührt auch nicht seinen Fuß! Wer es tut, ist dem Tod verfallen." (Exodus 19,12)
Die Israeliten zeigen sich trotz dieser Strenge oft widerborstig. An einem besonderen Tiefpunkt fallen sie sogar von ihrem Glauben ab und beten statt des Gottes, der sie als Wolke oder Feuersäule führt, das sprichwörtlich gewordene goldene Kalb an, weswegen Mose wütend das erste Paar Steintafeln mit den Zehn Geboten zerschmettert, das er vom Berg Sinai herabgebracht hat. Letztendlich gibt es aber dennoch eine Versöhnung zwischen Gott und seinem auserwählten Volk: Die Israeliten kehren eingeschüchtert auf den von Mose gewiesenen rechten Weg zurück, und im Ergebnis zeigt sich auch ihr Herr wieder gnädig. Er übergibt ihnen nicht nur ein neues Paar Gesetzestafeln, sondern er erneuert auch seinen Bund mit ihnen: „Ich schließe einen Bund mit euch und werde vor euren Augen Wunder tun, wie sie noch niemand vollbracht hat unter allen Völkern der Erde. Das ganze Volk, in dessen Mitte du stehst, soll meine Taten sehen. Furcht und Staunen erregend werden die Wunder sein, die ich für euch tun will." (Exodus 34,10)

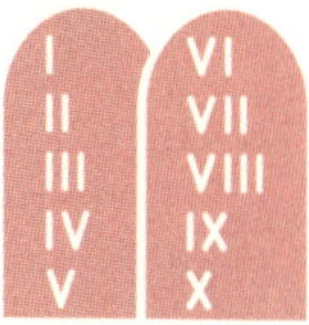

Warum Mose in der bildenden Kunst oft wie ein Teufel mit

Hörnern auf dem Kopf dargestellt wird, hat mit seiner Vermittlerrolle zwischen Gott und den Menschen nichts zu tun: Die merkwürdigen Darstellungen beruhen einfach auf einem folgenreichen Übersetzungsfehler. Die Bibel berichtet, dass immer dann, wenn er mit Gott gesprochen hatte, das Gesicht Moses derart leuchtete, dass er es verhüllen musste, um seine Landsleute nicht zu erschrecken (Exodus 34,35).

In frühen Niederschriften des Alten Testamentes, die noch in einem Hebräisch verfasst waren, dessen Schrift keine Vokale kannte, mussten die Leser schon sehr genau wissen, was gemeint war, um nicht auf einen Irrweg zu geraten. So liegen die beiden Worte für „strahlend“ (karan) und für „gehörnt“ (kären) nur eine Winzigkeit auseinander. Als die Bibel im vierten Jahrhundert ins Lateinische übertragen wurde, passierte es: Statt Mose vor Freude und Glück strahlen zu lassen, setzte ihm der Kirchenvater Hieronymus Hörner auf …

Nazaret

Der Ort Nazaret, dessen hebräischer Name sich am besten mit „Wachturm“ oder „Wehranlage“ übersetzen lässt, hatte nie etwas von einer Metropole an sich. In den Tagen Jesu dürfte er etwa zweihundert Einwohner gezählt haben und war – Verzeihung! – selbst für diese Zeit ein unbedeutendes Kaff. „Was kann aus Nazaret Gutes kommen? (Johannes 1,46) fragt deshalb durchaus zu Recht im Johannesevangelium ein gewisser Natanaël.

Auch für Jesus war diese Herkunft schwierig; einen glaubwürdigen Messias erwartete man schlicht aus einer prominenteren Ecke des Landes. Wie die meisten Forscher mittlerweile annehmen, wurde ihm daher seine Geburt in Betlehem zugeschrieben, um ihn in eine Reihe mit König David stellen zu können, der aus jener Stadt stammte.

Nazaret war dann allerdings wohl der Ort, in dem Jesus den Großteil seines Lebens verbrachte, weshalb er auch den Beinamen „von Nazaret“ trug oder „der Nazarener“ genannt wurde. Sein irdischer Ziehvater Josef war in Nazaret oder im benachbarten Sepphoris Zimmermann bzw. Bauhandwerker, ein Beruf den er nach biblischen Angaben selbst ebenfalls erlernte. Das moderne Nazaret ist eine Stadt von rund 76.000 Einwohnern, die hauptsächlich von Muslimen und Christen bewohnt wird. An der Stelle, an der das Haus gestanden haben soll, in dem der Erzengel Gabriel Maria ihre bevorstehende Gottesmutterschaft verkündete, erhebt sich seit 1969 die dreischiffige „Verkündigungsbasilika“, die als das größte christliche Gotteshaus im Nahen Ost gilt.

Neues Testament

NT

Das Neue Testament ist für Christen der zweite und, wie viele von ihnen vermutlich finden, wichtigere Teil der Bibel. Während das zum Teil lange vor Christi Geburt entstandene Alte Testament nämlich ausschließlich jüdische Autoren kennt, ist das Neue Testament ein ebenso ausschließlich christliches Werk. Seine insgesamt siebenundzwanzig verschiedenen Schriften wurden für Christen – oder Menschen, die zum Christentum bekehrt werden sollten – geschrieben, und als Sammlung behandelt das NT, wie es landläufig abgekürzt wird, demnach auch genau die Themen, die für sie und ihren Glauben wichtig sind.

Den bedeutendsten Teil des Neuen Testaments bilden vier Berichte über die Geburt, das Leben und Sterben sowie die Auferstehung Jesu Christi, die sogenannten Evangelien. Sie sollen von vier Männern aus der unmittelbaren Umgebung Jesu stammen, den vier Evangelisten Matthäus, Markus, Lukas und Johannes. Markus war unter ihnen der erste, der seinen Bericht abgab. Ihm folgten Matthäus und Lukas, die allerdings über weite Strecken nur einfach seinen Text übernahmen. Als ehrenrühriges Plagiat wurde das zur Entstehungszeit der Evangelien nicht betrachtet, man wertete solche Kopien vielmehr als eine wichtige Bewahrung von Wissen, das an einzelnen Stellen jeweils durch persönliche Beobachtungen und Bemerkungen erweitert oder verändert werden konnte. Den Schlusspunkt unter die Lebensgeschichten Jesu setzte schließlich Johannes, der frühestens im Jahr 100 nach der Kreuzigung Christi mit einem völlig eigenen und eigenständigen Text die Vierergruppe vollständig machte.

Neben den Evangelien erzählt das Neue Testament in seiner „Apostelgeschichte“ und mehreren, bestimmten Aposteln zugeschriebenen Briefen von den Anfängen der christlichen Kirche und dem Leben in den ersten Gemeinden. Am Schluss beschäftigt es sich dann in einem überwältigenden Text noch mit den letzten Tagen dieser Welt: In der sogenannten „Offenbarung“, dem einzigen prophetischen Buch des Neuen Testaments, enthüllt ein nicht mit dem gleichnamigen Apostel zu verwechselnder Seher Johannes in einer mächtigen Vision, wie sich dereinst der endgültige Kampf mit dem Satan entfaltet, bei dem natürlich das Gute über das Böse siegen wird. In einer Situation, in der es unter dem römischen Kaiser Domitian immer wieder zu Christenverfolgungen kam, sollte diese Aussicht den bedrängten Gläubigen Kraft zum Durchhalten geben, indem sie ihnen eine bessere Zukunft bei Gott und ein göttliches Reich verhieß.

Das Neue Testament ist weit weniger umfangreich als das Alte. Das erklärt sich nicht zuletzt daraus, dass es nicht den gewaltigen Zeitraum seit Erschaffung der Welt darstellen muss, sondern dass es sich – von der Apokalypse einmal abgesehen – auf eine Periode von noch nicht einmal einem Jahrhundert beschränken kann. Entstanden ist es wahrscheinlich zwischen in den Jahren 50 und ungefähr 120 unserer Zeitrechnung.

Noach

Der biblische Noach ist – wenn auch eher gegen seinen eigenen Willen – vermutlich der berühmteste Seemann der Weltgeschichte. Seine Leistungen als Kapitän der nach ihm benannten Arche ließen ihn nach biblischem Zeugnis darüber hinaus auch zum zweiten Stammvater des Menschengeschlechtes werden. Der erste war jener Adam, der sein Glück im Paradies selbst verspielte, als er gemeinsam mit seiner Frau Eva gegenüber seinem Schöpfer ungehorsam wurde.

Der eigentliche Grund für Noachs ereignisreiches Leben war, dass die gesamte Welt zu seinen Lebzeiten in einem ähnlichen Zustand gewesen zu sein schien wie heute. Im Buch Genesis wird sie ziemlich eindeutig beschrieben: „Die Erde aber war vor Gott verdorben, die Erde war voller Gewalttat.“ (Genesis 6,11)

In der Folge fasste der Gott des Alten Testaments, der sich in den ersten Epochen der Weltgeschichte gegenüber seiner Schöpfung weit weniger geduldig zu zeigen pflegte als später im Neuen Testament, einen weitreichende Entschluss: „Ich will den Menschen, den ich erschaffen habe, vom Erdboden vertilgen, mit ihm auch das Vieh, die Kriechtiere und die Vögel des Himmels, denn es reut mich, sie gemacht zu haben.“ (Genesis 6,7)

Noach, der bei Gott als „ein gerechter und untadeliger Mann“ galt, bekam den Auftrag, gemeinsam mit seinen Söhnen aus Holz ein für damalige Verhältnisse riesiges Schiff zu bauen, sich darauf mit seiner Frau, seinen Söhnen und seinen Schwiegertöchtern häuslich einzurichten und außerdem auch noch eine Art Genpool mit an Bord zu nehmen: „Von allem, was lebt, von allen Wesen aus Fleisch, führe je zwei in die Arche, damit sie mit dir am Leben bleiben; je ein Männchen und ein Weibchen sollen es sein.“ (Genesis 6,19)

Als alle menschlichen und tierischen Passagiere ihren Platz gefunden hatten und genügend Proviant verstaut war, ließ Gott es vierzig Tage und vierzig Nächte lang regnen. Die gesamte Erde wurde überflutet, und alle Lebewesen ertranken jämmerlich. Erst nach einhundertfünfzig Tagen begann die Flut langsam wieder zurückzugehen, die Arche setzte auf einem Gipfel des Araratgebirges auf, und die Weltgeschichte konnte von Neuem beginnen.

Eigentlich hätte der biblische Noach nun glücklich sein müssen: Schließlich hatten er und seine Familie die bis heute größte Katastrophe der Menschheit zumindest physisch unbeschadet überlebt. In den Worten der Bibel hatte er als Einziger „Gnade gefunden in den Augen des Herrn“ (Genesis 6,8), oder, wie man heute sagen würde: Ihm hatte sein Herr als Einzigem vertraut.

Dass jedoch Noachs Psyche die Sintflut gleichermaßen ohne Schaden überstanden hatte, mag getrost bezweifelt werden. Es ist vielmehr anzunehmen, dass er nur als ein gebrochener und zerrissener Mann überlebte: hin- und hergerissen zwischen dem Gefühl der vollkommenen Geborgenheit bei seinem Gott und der beispiellosen Einsamkeit eines Menschen, der soeben fast als einziger übrig geblieben war von seinem ganzen Geschlecht. Waren überdies doch nicht nur nach Gottes Willen die notorischen Bösewichter hingerichtet worden, sondern auch alle Unschuldigen, die es ja auch gegeben haben musste, die kleinen Kinder etwa, die Säuglinge, die hilflosen Jungen und Mädchen, die kaum krabbeln konnten. Einen Gerechten wie Noach kann das nicht kalt gelassen haben.

Viel Zeit zum Grübeln blieb Noach allerdings nicht. Für den Neubeginn auf der Erde bekam er von seinem Gott einen folgenreichen Auftrag mit auf den Weg. Diese Anweisung sorgt

bis heute für Missverständnisse, und sie könnte – falsch und verkürzt verstanden – sich in ihren Konsequenzen für die Menschheit verheerend auswirken: „Seid fruchtbar, mehrt euch und füllt die Erde! Furcht und Schrecken vor euch soll sich auf alle Tiere der Erde legen, auf alle Vögel des Himmels, auf alles, was sich auf dem Erdboden regt, und auf alle Fische des Meeres; in eure Hand sind sie gegeben. Alles, was sich regt und lebt, soll euch zur Nahrung dienen. Das alles übergebe ich euch wie die grünen Pflanzen." (Genesis 9,1–3) Wie eine Aufforderung zur ökologischen Gestaltung der Umwelt klingt das nicht unbedingt ...
Gleichzeitig mit dieser Order gab Gott dem gerade geretteten Noach und allen nach ihm kommenden Generationen eine beruhigende Versicherung für ihre Weiterexistenz. Sie besitzt freilich resignative Untertöne, die sich kaum überhören lassen: „Ich werde den Erdboden wegen des Menschen nie mehr verfluchen; denn das Trachten des menschlichen Herzens ist böse von Jugend an. Ich werde niemals wieder alles Lebendige schlagen, wie ich es getan habe. Niemals, solange die Erde besteht, werden Aussaat und Ernte, Kälte und Hitze, Sommer und Winter, Tag und Nacht aufhören." (Genesis 8,21–22)
Gott schloss also mit Noach einen Bund, der sogar ein wunderschönes und angesichts der vorübergegangenen Sintflut überdies höchst beziehungsreiches Zeichen erhielt: Ein Regenbogen erschien am Himmel.

Orthodoxie

Die Orthodoxe Kirche ist trotz ihres Einheitlichkeit vorspiegelnden Namens alles andere als ein monolithischer Block. Sie ist eher und mehr oder weniger eine Ansammlung von Landes- oder Staatskirchen, deren Verhältnis zueinander ebenfalls mehr oder weniger gut ist.

Dennoch bildet sie insgesamt neben der katholischen und der evangelischen die dritte große Glaubensrichtung der Christenheit: Ihr gehören etwa 225 bis 250 Millionen Menschen an. Orthodoxe Gläubige finden sich vor allem in Osteuropa und im Vorderen Orient.

Der Name für diese Gruppe von Kirchen gibt bereits deutliche Hinweise auf ihr Selbstverständnis. Der Begriff „Orthodoxie“ stammt aus dem Griechischen und bedeutet Rechtgläubigkeit, richtige Lehre oder auch richtige Gottesverehrung. Die berühmten „Gespräche auf Augenhöhe“ macht das nicht unbedingt leichter; sie sind schwer zu führen, wenn man meint, allein auf dem richtigen Weg unterwegs zu sein.

Es sind in der Tat zwei große Schismen, d. h. Spaltungen, die für die gegenwärtige Lage verantwortlich sind. Das erste vollzog sich im Jahr 867, als sich ein Papst und ein Patriarch über etwas so weltpolitisch und theologisch Wichtiges wie die Verwaltung der Kirche von Bulgarien zerstritten. Das zweite, das sogenannte „große morgenländische Schisma“, datiert auf das Jahr 1054, und in ihm standen sich wieder ein Papst und ein Pa-

triarch unversöhnlich gegenüber. Eigentlich stritt man sich über alles, die große Politik schien die Theologie zu bestimmen, und schließlich exkommunizierte der römische Papst den Patriarchen von Konstantinopel. Beide Kirchen belegten sich gegenseitig mit dem Kirchenbann.
Vom Geburtsjahr der Orthodoxie lässt sich trotzdem nicht sprechen. Die Orthodoxen betrachten sich ja gerade nicht als eine Abspaltung von der großen, lateinisch geprägten Kirche in Rom, sie sehen sich vielmehr als diejenigen, die allein den Auftrag Jesu und daneben das Erbe der Apostel bewahren, die einst als Missionare und Gemeindegründer durch den Raum des östlichen Mittelmeeres gezogen waren und das Christentum verbreitet hatten. Eine Auffassung, die Rom verständlicherweise nicht teilen konnte, da man sich dort selbst als die einzig wahren Nachfolger im Petrusamt sah und sieht.
Theologisch ist die Kluft, die konservative Katholiken und durchschnittliche Orthodoxe trennt, indes nicht so breit wie die zwischen Orthodoxen und Protestanten. Diese beiden Teile der weltweiten Christenheit unterscheiden sich nicht nur in ihrem Verständnis der Sakramente und der geistlichen Ämter, auch die häufig sehr liberale Theologie und Glaubenspraxis vieler Kirchen der Reformation dürfte in den Zentralen der Orthodoxie nahezu als Werk des Teufels gesehen werden.
Orthodoxe Christen wollen oft stärker als die Glieder anderer Kirchen ihren Gott nicht nur mit dem Verstand erkennen. Sie wollen schon auf der Erde ein Stück vom Himmel spüren, und kurioserweise wird das gerade durch jene große Mauer ausgedrückt, die sich zwischen Altarraum und Gemeinde als sogenannte „Ikonostase“ oder Bilderwand durch fast jedes orthodoxe Kirchenschiff zieht. Der Altar ist in diesen Kirchen der Ort, an dem das Göttliche gegenwärtig wird; er ist deshalb für

die Gläubigen nicht zugänglich und oft auch nicht sichtbar. Nicht zu sehen und doch zu glauben, lautet hier das unerklärte Prinzip.
Andererseits können sich die Gläubigen in orthodoxen Kirchen aber auch als direkt vor das Angesicht Gottes versetzt fühlen. Ihre Liturgie verspricht ein Erlebnis für alle Sinne. Die Pracht und der Bilderreichtum der Ikonostase wie des gesamten Kirchenraumes können als irdische Vorwegnahme der Schönheit des Himmels gesehen werden. Weihrauch als Symbol für zu Gott aufsteigende Gebete erfüllt die Luft, und einstimmige Gesänge ohne jede Instrumentalbegleitung erzeugen eine Atmosphäre, wie sie auch Katholiken kennen, wie sie aber sehr weit von den intellektuellen Wortgottesdiensten überzeugter Protestanten entfernt ist.

Ostern

Ostern ist das wichtigste Fest der Christenheit. Während das vor allem durch seine Geschenkorgien und seine mehr oder minder gelungenen Verwandtenbesuche in der öffentlichen Wahrnehmung verankerte Weihnachtsfest zur Erinnerung daran gefeiert wird, dass nach christlichem Verständnis Jesus vor rund 2000 Jahren als Mensch geboren wurde, feiert das Osterfest die Erinnerung an seine Auferstehung am dritten Tag nach seinem Tod am Kreuz. In der Osternacht geht gleichzeitig die vierzigtägige Fastenzeit zu Ende, die mit dem Aschermittwoch begonnen hat.

Der Hintergrund des Osterfestes ist nach wie vor ein großes Mysterium. Obwohl Künstler aller Jahrhunderte sie zum Teil äußerst detailreich dargestellt haben, ist die eigentliche Aufer-

stehung in der Bibel nämlich nirgendwo beschrieben. Für sie gibt es keinen einzigen menschlichen Zeugen.
In den vier Evangelien wird allein die Entdeckung des leeren Grabes durch Maria Magdalena und eine andere Frau am frühen Morgen des Ostertages geschildert. Da das bloße Fehlen eines Leichnams aber ebenso auf Grabräuber oder -schänder zurückzuführen sein könnte wie auf ein Wunder, sehen sich die Evangelien gezwungen, für die Auferstehung des christlichen Heilands von den Toten andere Belege zu nennen. Sie berufen sich gewissermaßen auf eine himmlische Garantie.
Am spektakulärsten geht dabei der Evangelist Matthäus zu Werke, wenn er schreibt: „Es geschah ein gewaltiges Erdbeben; denn ein Engel des Herrn kam vom Himmel herab, trat an das Grab, wälzte den Stein weg und setzte sich darauf. Sein Aussehen war wie ein Blitz und sein Gewand weiß wie Schnee. Aus Furcht vor ihm erbebten die Wächter und waren wie tot. Der Engel aber sagte zu den Frauen: „Fürchtet euch nicht! Ich weiß, ihr sucht Jesus, den Gekreuzigten. Er ist nicht hier; denn er ist auferstanden, wie er gesagt hat. Kommt her und seht euch den Ort an, wo er lag! Dann geht schnell zu seinen Jüngern und sagt ihnen: Er ist von den Toten auferstanden und siehe, er geht euch voraus nach Galiläa, dort werdet ihr ihn sehen.“ (Matthäus 28,2–7)
Zutiefst erschrocken, aber gleichzeitig voller Freude verließen die Frauen das Grab. Wie ihnen aufgetragen worden war, wollten sie zu den Jüngern laufen, um ihnen die Botschaft des Engels zu überbringen. Da stand plötzlich Jesus selbst vor ihnen und grüßte sie freundlich. Die Frauen warfen sich vor ihm nieder und umfassten seine Füße, ihr Heiland zeigte sich jedoch ebenso praktisch wie menschlich, indem er sprach: „Fürchtet euch nicht! Geht und sagt meinen Brüdern, sie sollen nach Galiläa gehen und dort werden sie mich sehen.“ (Matthäus 28,10)

Genauso geschah es dann auch. Auf einem Berg im Norden des heutigen Israel zeigte sich der auferstandene Jesus den elf Jüngern, die nach dem Verrat des Judas noch übriggeblieben waren. Gleichzeitig erteilte er ihnen den Auftrag, der das missionarische Wirken der christlichen Kirchen bis heute bestimmt: „Mir ist alle Vollmacht gegeben im Himmel und auf der Erde. Darum geht und macht alle Völker zu meinen Jüngern; tauft sie auf den Namen des Vaters und des Sohnes und des Heiligen Geistes und lehrt sie, alles zu befolgen, was ich euch geboten habe. Und siehe, ich bin mit euch alle Tage bis zum Ende der Welt." (Matthäus 28,18–20)
Nahezu gleichzeitig mit dieser Auferstehung begann auch die Geschichte ihrer Leugnung. Als nämlich die Wächter ihren Schrecken wieder überwunden hatten, berichteten sie den Hohenpriestern am Jerusalemer Tempel vom leeren Grab und den Ereignissen des Ostermorgens. Denen kam diese Nachricht alles andere als gelegen, denn sie entlarvte ihre tödliche Hetze gegen Jesus als Propaganda zum eigenen Machterhalt. Folglich bestachen sie die Wachen und verpflichteten sie auf eine eindeutige Lüge: „Seine Jünger sind in der Nacht gekommen und haben den Leichnam gestohlen, während wir schliefen." (Matthäus 28,13)
Das christliche Osterfest wurde bereits sehr früh auf den ersten Sonntag nach dem ersten Frühlingsvollmond des Jahres festgelegt, es gehört damit zu den sogenannten „beweglichen Festen" des Kirchenjahres. Alle anderen beweglichen christlichen Feiertage haben sich an seinem Datum auszurichten.
Mit dem jüdischen Pesach- oder Paschafest, dessen Name in vielen Sprachen ähnlich klingt wie der Name des christlichen Osterfestes, hat Ostern inhaltlich direkt nichts zu tun. Dessen kalendarische Nähe zu diesem Fest, das an die Befreiung der Israeliten aus der ägyptischen Knechtschaft erinnert, ergibt

sich allein daraus, dass die dem Osterfest zugrunde liegenden Ereignisse mit dem Termin des jüdischen Pesachfestes unmittelbar verbunden sind.

Papst

Die katholische Kirche mag vieles sein, eines ist sie ganz bestimmt nicht: eine Demokratie. Und so steht an ihrer Spitze denn auch kein vom gesamten Kirchenvolk gewählter Kirchenpräsident mit einer begrenzten Wahlperiode und gegebenenfalls einer Möglichkeit der Wiederwahl. Ein katholischer Papst wird zwar nach dem Tod oder Rücktritt seines Vorgängers auch gewählt, einmal von den Kardinälen im sogenannten „Konklave“ für das höchste Kirchenamt auserkoren, ist er allerdings Papst auf Lebenszeit und unterliegt zudem keinerlei demokratischer Kontrolle oder Einschränkung mehr. Ein Papst kann höchstens – wie es als höchst seltene Ausnahme in der Kirchengeschichte Papst Benedikt XVI. getan hat – selbst von seinem Amt zurücktreten. Der Titel „vicarius Christi“, also Stellvertreter Christi, der seit dem 5. Jahrhundert auch Bischöfen und Priestern zuerkannt wird, ist auch im aktuellen katholischen Kirchengesetzbuch eine offizielle, wenn auch theologisch umstrittene, Bezeichnung für den Papst. Eine sehr populäre, von vielen als blasphemisch empfundene Auffassung machte daraus sogar den „Stellvertreter Gottes auf Erden“ – und der kann natürlich in keinem Fall einer demokratischen Mehrheitsentscheidung unterworfen werden!

In der katholischen Kirche ist ein Papst, der gleichzeitig auch immer Bischof von Rom und damit Leiter einer Ortskirche ist, im Grundsatz für alles zuständig. Wie ein absoluter Fürst – quasi im Nebenberuf ist er ja auch noch weltliches Staatsoberhaupt des Kleinststaats „Vatikan“ – ist er in seinen Entscheidungen keiner irdischen Macht gegenüber rechenschaftspflichtig. Das, was er tut oder lässt, hat er als Nachfolger des Apostels Petrus, der als erster Papst des damals noch ungeteilten Christentums ja von Jesus selbst eingesetzt wurde, allein gegenüber Gott im Himmel zu verantworten.

Anders als oft angenommen wird, kann sich ein Papst durchaus irren; nicht alle seiner Entscheidungen und selbst seiner theologischen Lehren müssen richtig sein. Zwar verkündete das Erste Vatikanische Konzil im Jahr 1870, dass ein Papst die sogenannte „Unfehlbarkeit“ für sich in Anspruch nehmen kann, sie gilt jedoch nur in eng umgrenzten Glaubensfragen und nur, wenn eine bestimmte Lehre vom Papst „ex cathedra“, d. h. in aller Form und mit aller seiner Autorität, als endgültig und verbindlich erklärt wird.

Oft ist es bisher allerdings noch nicht dazu gekommen, dass ein Papst in dieser keinen Widerspruch duldenden Form darauf bestanden hat, das letzte Wort und damit die ultimative Entscheidungsgewalt zu haben. Bisher machte allein Papst Pius XII. von seiner Unfehlbarkeit Gebrauch, als er 1950 die leibliche Aufnahme Marias zum Dogma und damit quasi in den Rang eines Grundgesetzes des Glaubens erhob. Jeder ordentliche Katholik ist seither verpflichtet, diesen Lehrsatz als Tatsache anzusehen, wenn er nicht Gefahr laufen will, exkommuniziert, d. h. aus der Kirche ausgeschlossen zu werden.

Paradies

Es dürfte weitgehende Einigkeit unter den Menschen darüber bestehen, dass nach dem eigenen Ableben ein himmlisches Paradies ein angemessener Aufenthaltsort für die zeitlose Ewigkeit wäre, auf jeden Fall besser als ein Sturz in die Hölle. In der Tat geht auch das Christentum davon aus, dass Gott den Seinen, d. h. den Guten und Gerechten, am Ende aller Tage einen Aufenthaltsort voller Seligkeit bereitet haben wird, der zur Erde mit ihrem Leid und ihrer Ungerechtigkeit einen vollendeten Kontrast darstellt. Wie dieser Ort jedoch gestaltet sein könnte, darüber gehen seit ältesten Zeiten nicht nur die Meinungen der Theologen auseinander.

Die einen stellen sich einen Himmel vor, der allein auf den Thron Gottes ausgerichtet ist. Nach dieser Theorie wäre das Himmelreich nicht nur räumlich, sondern vor allem auch spirituell auf die Verherrlichung Gottes bezogen, die Bewohner des Paradieses fänden die Erfüllung ihres dann unendlichen Daseins ausschließlich in der Begegnung mit ihrem göttlichen Gegenüber. Statt väterlicher Wärme würde dann im Himmel eine eher kalte Pracht warten, wie sie der Seher Johannes in seiner Offenbarung beispielsweise so beschreibt: „Im Himmel stand ein Thron, und auf dem Thron saß einer. Er strahlte wie die Edelsteine Jaspis und Karneol. Über dem Thron stand ein Regenbogen, der leuchtete wie ein Smaragd. Um den Thron standen im Kreis vierundzwanzig andere Throne, darauf saßen vierundzwanzig Älteste. Sie trugen weiße Kleider und goldene Kronen. Von dem Thron gingen Blitze aus und dröhnende Donnerschläge. Vor dem Thron brannten sieben Fackeln, das sind die sieben Geister Gottes.“ (Offenbarung 4,2 ff)

Das Gegenmodell, ein gast- und menschenfreundlicher Himmel, findet sich genauso in der Bibel beschrieben, kurioserwei-

se sogar ebenfalls in der Offenbarung des Johannes: „(Gott) wird alle ihre Tränen abwischen. Es wird keinen Tod mehr geben und keine Traurigkeit, keine Klage und keine Quälerei mehr. Was einmal war, ist für immer vorbei." (Offenbarung 21,4)
Dass es im Jenseits einmal so freundlich aussehen könnte, hatte im Übrigen bereits im Alten Testament der Prophet Jesaja geweissagt. Bei ihm spricht Gott verheißungsvolle Worte, die sich nur schwer übertreffen lassen: „Alles mache ich jetzt neu: Einen neuen Himmel schaffe ich und eine neue Erde. Dann sehnt sich niemand nach dem zurück, was früher einmal gewesen ist; kein Mensch wird mehr daran denken. Freut euch und jubelt ohne Ende über das, was ich nun schaffe! Ich mache Jerusalem zur Stadt der Freude und seine Bewohner erfülle ich mit Glück." (Jesaja 65,17 f)
Selbst der berühmte Münchner im Himmel könnte nach dieser Prophezeiung wieder Hoffnung fassen. Bis in alle Ewigkeit auf einer Wolke Lobpreis granteln zu müssen, das wird ihm wohl erspart bleiben.

Paulus

Der Apostel Paulus war so etwas wie der erste Generalmanager des Christentums. Der ehemalige Fischer Petrus mag der Fels gewesen sein, auf den Jesus seine Kirche bauen wollte, aber der weltläufige Paulus war mit Sicherheit derjenige, der für einen erfolgversprechenden Baugrund rund um dieses Zentrum herum gesorgt hat.
Der im heute südtürkischen Tarsus geborenen Saulus, den die Römer Paulus nannten, darf getrost als die bedeutendste Person des frühen Christentums angesehen werden. Der Mann,

der nach damaligen Bräuchen zusätzlich zu seinem Torastudium auch als handfesten Beruf den eines Webers und Zeltmachers gelernt hatte, war entflammt von der Mission, die gesamte damals bekannte Welt – gleichgültig, ob jüdisch oder nicht – zu Jesus Christus zu bekehren.
Dabei hatte alles zunächst ganz anders ausgesehen. Nach Abschluss seiner Ausbildung an der Tempelakademie von Jerusalem war Paulus zunächst als junger Fanatiker angetreten, der die Christengemeinde von Damaskus dezimieren wollte, in der er nur „Abtrünnige und Gesetzesverächter" sah. Erst auf dem Weg dorthin wurde er bekehrt, das allerdings mit einer Macht, die im Christentum ihresgleichen sucht. Ihn umstrahlte „plötzlich ein Licht vom Himmel. Er stürzte zu Boden und hörte eine Stimme: ‚Saul, Saul, warum verfolgst du mich?' ‚Wer bist du, Herr?', fragte Saulus. Die Stimme sagte: ‚Ich bin Jesus, den du verfolgst!'" (Apostelgeschichte 9,3 ff)
Drei Tage war er vollkommen blind, kämpfte mit sich und seinem neuen Gott, bevor er sich – nun von der Richtigkeit seines Weges restlos überzeugt – mit unvergleichlicher Energie daran machte, das Christentum von dem Ruch zu befreien, nur eine abgespaltene Variante des Judentums zu sein.
Mehr vielleicht als von den anderen Aposteln gibt es von Paulus Geschichten, die, wie seine nächtliche Flucht in einem Korb über die Stadtmauer von Damaskus oder sein Schiffbruch vor Malta, wie aus einem Abenteuerfilm wirken, sie vermitteln jedoch kein vollständiges Bild seiner vielschichtigen Persönlichkeit. Obwohl er stets ein Mann war und blieb, der keinem Streit aus dem Weg ging, setzte er dennoch weit mehr als seine Ellenbogen seinen Kopf ein: Ganz offensichtlich war er ein Mensch, der neben persönlichem Mut auch strategischen Weitblick bewies. Von breitem Wissen und ungewöhnlicher Überzeugungskraft einmal abgesehen.

Dennoch hatte dieser entschiedene Weltmissionar und Apostel der Heidenchristen auch Seiten, die heute problematisch oder sogar unverständlich erscheinen müssen.
Da ist beispielsweise sein Verständnis von Liebe und Sexualität. Einerseits stammt von ihm ein Loblied auf die Liebe, das wohl zum Standardrepertoire jedes Hochzeitsredners gehört: „Wenn ich mit Menschen-, ja mit Engelszungen redete, hätte aber die Liebe nicht, so wäre ich ein tönendes Erz und eine klingende Schelle. (…) Die Liebe ist langmütig, gütig ist die Liebe, die Liebe ist nicht eifersüchtig, sie prahlt nicht, sie ist nicht aufgeblasen. Sie handelt nicht taktlos, sie sucht nicht den eigenen Vorteil, sie lässt sich nicht erbittern, sie trägt das Böse nicht nach. Sie freut sich nicht über das Unrecht, freut sich vielmehr mit an der Wahrheit. Alles deckt sie zu, alles glaubt sie, alles hofft sie, alles erträgt sie. Die Liebe hört niemals auf.“ (1 Korinther 13,1 ff)
Schöner als dieser Paulus kann man über die Liebe nicht reden. Jedenfalls, solange man bei ihr nicht auch an Sex denkt.
Wenn der nämlich ins Spiel kommt, ist es schlagartig vorbei mit dem kirchenväterlichen Wohlwollen. Eine lustvolle und in eigener Verantwortung gelebte Sexualität ist Paulus, der zeitlebens nie verheiratet war, absolut fremd. So betrachtet er etwa die Ehe hauptsächlich als ein notwendiges Übel und eine Institution, die die Menschen von Gott entfremdet. Dass die tief empfundene Liebe zweier Menschen zueinander ja auch positiv auf ihr Verhältnis zu ihrem Gott ausstrahlen könnte, kommt ihm nicht in den Sinn.
Auch als Apostel der Gleichberechtigung von Mann und Frau kann er zumindest auf den ersten Blick kaum betrachtet werden. Stammt aus seiner Feder doch jene barsche Aufforderung an die Gemeinde im griechischen Korinth, die bei beiden Ge-

schlechtern heute auf Unverständnis stoßen dürfte: „Wie es bei allen christlichen Gemeinden üblich ist, sollen die Frauen in euren Versammlungen schweigen. Sie dürfen nicht lehren, sondern sollen sich unterordnen, wie es auch das Gesetz vorschreibt. Wenn sie etwas wissen wollen, sollen sie zu Hause ihren Ehemann fragen. Denn es schickt sich nicht für eine Frau, dass sie in der Gemeindeversammlung spricht." (1 Korinther 14,33 ff)
Sicher, nach großem Engagement für eine gleiche Stellung von Männern und Frauen in der Kirche klingt das nicht, doch muss man Paulus ohne Zweifel zwei Dinge zugute halten. Er war natürlich ein Kind des vornehmlich männerorientierten Geistes seiner Zeit, und er hatte durchaus auch andere Seiten als nur die eines religiösen Machos. In seinem Brief an die christlichen Gemeinden des alten Galatiens, einer Landschaft nördlich der heutigen türkischen Hauptstadt Ankara, schreibt er beispielsweise in einem Absatz, der von evangelischer Seite gern zitiert wird, wenn es darum geht, die Öffnung geistlicher Ämter für Frauen zu rechtfertigen: „Es hat darum auch nichts mehr zu sagen, ob ein Mensch Jude ist oder Nichtjude, ob im Sklavenstand oder frei, ob Mann oder Frau. Durch eure Verbindung mit Jesus Christus seid ihr alle zu einem Menschen geworden." (Galater 3,28)

Petrus

Jede Organisation, jede Firma und jeder Verein braucht mindestens einen, auf den sie bauen kann. Keinen intellektuellen Überflieger, kein Genie und keinen Utopisten, was gebraucht wird, ist jemand, der die Sachen in die Hand nimmt, der anpackt und der dafür sorgt, dass die Dinge zuverlässig erledigt werden. Der Fischer Simon, den sie später Petrus, den Felsen, nennen sollten, war so ein Mann.

Er war es gewohnt, seinen Lebensunterhalt mit seiner Hände Arbeit zu verdienen, was ihn wahrscheinlich nicht reich machte, ihn aber immerhin einigermaßen über die Runden kommen ließ, ihn, seine Frau und seine Schwiegermutter, deren beider Namen die Evangelien leider verschweigen.

Jesus, der nichts davon hielt, sich als Gottessohn auf Erden vor allem mit den Reichen und Mächtigen zu umgeben, muss diese Bodenständigkeit des Petrus wohl sofort gemocht haben. Er berief ihn deshalb zu seinem Jünger, Petrus folgte ihm spontan und machte in der entstehenden Gemeinschaft schnell Karriere. Wann immer in den Evangelien die Jünger jedenfalls namentlich aufgelistet werden, steht er an erster Stelle. Petrus ist der Vertraute seines Herrn, derjenige, dem Jesus im Kreis der Zwölf die Führungsrolle zuweist.

Besonders hervorgehoben wird Petrus von Jesus, als der ihm bei der antiken Stadt Caesarea Philippi im äußersten Norden Israels ein Amt verleiht, das sich später zur Papstwürde entwickeln sollte. Als Erster hatte Petrus damals Jesus gegenüber bekannt, dass er ihn für den Messias halte: „Du bist Christus, der versprochene Retter, der Sohn des lebendigen Gottes!“ (Matthäus 16,16) Jesus sagte ihm daraufhin eine Zukunft voraus, die als Vertrauensbeweis ebenso schwer wie beglückend gewesen sein dürfte: „Du darfst dich freuen, Simon, Sohn von Johannes, denn diese Erkenntnis hast du nicht aus dir selbst; mein Vater im Himmel hat sie dir gegeben. Darum sage ich dir: Du bist Petrus; und auf diesem Felsen werde ich meine Gemeinde bauen! Nicht einmal die Macht des Todes wird sie vernichten können. Ich werde dir die Schlüssel zu Gottes neuer Welt geben. Was du hier auf der Erde für verbindlich erklären

wirst, das wird auch vor Gott verbindlich sein; und was du hier für nicht verbindlich erklären wirst, das wird auch vor Gott nicht verbindlich sein.“ (Matthäus 16,17–19) Andere Bibelübersetzungen variieren um eine Nuance: Statt vom „verbindlich erklären“ sprechen sie etwas direkter von „binden“ und „lösen“.

Jesu Zusage einer Macht, die mit irdischen Maßstäben nicht mehr zu fassen ist, wird nochmals bekräftigt, als Jesus nach seinem Tod und seiner Auferstehung sieben Jüngern erscheint, die sich wie früher zum Fischen an den See Gennesaret zurückgezogen hatten. In diesem Kreis gibt er Simon einen dreimal wiederholten Auftrag: „Hüte meine Lämmer! Sorge für meine Schafe!“ (Johannes 21,15–17) Deutlicher lässt sich wohl nicht ausdrücken, welches Vertrauen Jesus dem einfachen Fischer aus Galiläa geschenkt hat, aber auch welche Verantwortung er ihm auf seine Schultern legte.

Petrus wurde diesem Vertrauen erwartungsgemäß gerecht. Er entwickelte sich wirklich zu einem Felsen, auf den die urchristlichen Gemeinden bauen konnten.

Zunächst leitete er die Gemeinde, die sich in Jerusalem bildete, und predigte in Palästina. Was er dabei sagte, gefiel weder den Römern noch den jüdischen Machthabern vor Ort. Die neue Religion, deren Anhänger sich – wie schon die Juden – weigerten, den Göttern des Imperiums zu huldigen, hielten sie für einen gefährlichen Unruheherd. Im Jahr 44 wurde Petrus deshalb auf Befehl des jüdischen Herrschers Herodes Agrippa gefangen genommen, um ihn unter Anklage zu stellen und hinzurichten. Sein Leben wäre ohne Zweifel vorbei gewesen, hätte ihn nicht ein Wunder gerettet: Nach der Apostelgeschichte befreite ihn eines Nachts ein Engel aus dem Kerker.

Trotz dieser wunderbaren Rettung blieb Petrus das letzte Martyrium allerdings nicht erspart. Nach ausgedehnten Reisen, die

ihn unter anderem nach Kleinasien und Griechenland führten, gelangte er schließlich nach Rom, wo er ungefähr um das Jahr 57 gemeinsam mit dem Apostel Paulus eine christliche Gemeinde gründete, als deren erster Bischof er auch amtierte. Während der Verfolgungen durch den Kaiser Nero wurde er hier gekreuzigt. Ob das jedoch auf seinen Wunsch hin tatsächlich mit dem Kopf nach unten geschah, weil er sich selbst nicht würdig genug fand, wie sein Heiland zu sterben, gilt der Wissenschaft als nicht erwiesen.
Beigesetzt wurde Petrus zunächst in einem schlichten Erdgrab, dessen unmittelbare Nachbarschaft sich schon bald zu einer unter Christen gefragten Begräbnisstätte entwickelte. Heute liegt er gemeinsam mit Paulus im Petersdom begraben, dem größten Kirchenbau der Erde.

Pfingsten

Pfingsten ist – wahrscheinlich mangels einer eingebürgerten Geschenktradition – eines der unbekannteren Feste des Christentums, es ist aber mitnichten ein unwichtiges: ganz im Gegenteil. Als feierlicher Abschluss der kirchlichen Osterzeit ist es das Fest, an dem der Heilige Geist sich als eine göttliche Kraft auf die in Jerusalem versammelten Jünger herabsenkte und damit ein von Jesus gegebenes Versprechen einlöste. Für manche Gläubige ist es daher nicht mehr und nicht weniger als der eigentliche „Geburtstag der Kirche“.

Von der Wortbedeutung leitet Pfingsten seinen Namen von einem einfachen Zahlwort ab: pentekoste, im Griechischen die Bezeichnung für fünfzig. Sonderlich rätselhaft muss diese Na-

mensgebung nicht erscheinen, denn Pfingsten wird am fünfzigsten Tag nach Ostern gefeiert. Gleichzeitig ist dies der zehnte Tag nach Himmelfahrt.
Was geschah nun aber vor rund zweitausend Jahren konkret an diesem Tag? Die biblische Apostelgeschichte, die das Wachstum des neu entstehenden Glaubens beschreibt, berichtet von rätselhaften Vorgängen rund um ein Haus, in dem sich die Anhänger Jesu versammelt hatten: „Da kam plötzlich vom Himmel her ein Brausen, wie wenn ein heftiger Sturm daherfährt, und erfüllte das ganze Haus, in dem sie saßen. Und es erschienen ihnen Zungen wie von Feuer, die sich verteilten; auf jedem von ihnen ließ sich eine nieder.“ (Apostelgeschichte 2,2)
Als wäre diese Erscheinung nicht schon unheimlich genug, veränderten sich gleichzeitig die Menschen selbst; kaum auf die Welt gekommen, wurde das Christentum durch göttlichen Eingriff auch schon multikulturell: „Alle wurden vom Heiligen Geist erfüllt und begannen, in anderen Sprachen zu reden, wie es der Geist ihnen eingab.“ (Apostelgeschichte 2,4)
Diese wunderbare Sprachvermehrung gleicht gewissermaßen die Strafe Gottes wieder aus, mit der er einst die Menschen wegen ihres eitlen Turmbaus zu Babel belegt hatte. Sie hatten ja einst in unbegründetem Größenwahn versucht, aus Ziegeln einen gewaltigen Turm zu bauen, der bis in den Himmel reichen und sie selbst damit gleichsam auch zu Göttern machen sollte. Der eigentliche Herr im Himmel war über diese Anmaßung verständlicherweise erzürnt: Er „verwirrte ihre Sprache“, sodass niemand mehr den anderen verstehen konnte, und zerstreute sie anschließend über die gesamte Erde.
Durch das pfingstliche Herabkommen des Heiligen Geistes wurde nach der Auferstehung und der Himmelfahrt Jesu dieses sprachliche Durcheinander nun wieder beseitigt. Die göttlichen Feuerzungen sorgten wie ein modernes Übersetzungs-

Tool dafür, dass die Ausbreitung der neuen Religion nicht mehr an Verständigungsproblemen scheitern musste.
Das Christentum, so sollen die Ereignisse von Pfingsten besagen, ist keine Sache eines bestimmten Volkes oder einer bestimmten Kultur. Es ist vielmehr ein globaler Glaube, der sich als Angebot an alle Nationen versteht und keine Unterschiede zwischen den Völkern macht. Das Christentum sieht vielmehr die Erde wie die auf ihr lebenden Menschen als Einheit und vertritt damit eine Idee, wie sie moderner und zeitgemäßer auch heute nicht sein könnte.
Schon im Umfeld des ersten Pfingstfestes wurde diese „Einheit in der Verschiedenheit" allerdings nicht von allen verstanden. Zwar staunten die meisten der wegen des stürmischen Brausens zusammengelaufenen Juden über das Pfingstwunder – die Apostelgeschichte erzählt immerhin von rund dreitausend Taufen und damit einem nicht unbeträchtlichen Erstarken der jungen Gemeinde –, einige aus der Menge wollten jedoch nicht an göttliches Wirken glauben. Sie fanden für sich eine sehr irdische Erklärung für die außergewöhnlichen Ereignisse. Vermutlich aufgrund eigener Erfahrungen gaben sie ohne langes Überlegen übermäßigem Alkoholgenuss die Schuld an den für sie unverständlichen Lauten aus den Mündern der Apostel: „Die Leute sind doch vom süßen Wein betrunken!" (Apostelgeschichte 2,13)

Pharisäer

Sogar ein feines Getränk hat mit ihrem gestörten Ruf zu tun. Der Pharisäer, ein Kaffee, bei dem ein guter Schuss Rum unter einer Haube aus Schlagsahne versteckt wird und der deshalb einen zumindest leicht falschen Eindruck erweckt, bekam sei-

nen Namen der Legende nach im 19. Jahrhundert in Nordfriesland.
Auf der heute mit dem Festland verbundenen Insel Nordstrand amtierte damals ein höchst sittenstrenger Pastor, in dessen Gegenwart niemand Alkohol zu trinken wagte. Findige Friesen umgingen diese Gewohnheit mit der inzwischen weltberühmten Kaffeespezialität, bei der die Sahnehaube ein verräterisches Verdunsten des Rums verhindert. Doch es kam, wie es kommen sollte: Der Pastor durchschaute irgendwann den Trick und schleuderte den Geheimniskrämern ein vernichtendes „Ihr Pharisäer!“ entgegen. Immerhin: Der Camouflage-Kaffee hatte jetzt seinen Namen weg.
Mag diese Geschichte vielleicht auch nicht ganz wahr sein, sie wirft doch ein bezeichnendes Licht auf den nicht zuletzt vom Neuen Testament ruinierten Ruf der israelitischen Pharisäer. Sie gelten gemeinhin als selbstgerechte Heuchler, bei denen sogar der Name als Abwertung in den allgemeinen Sprachgebrauch eingegangen ist. Pharisäer werden in den Evangelien oft als kleinliche und heimtückische Gegner Jesu dargestellt, wobei sich diese Geringschätzung sogar auf einen seiner Aussprüche berufen kann: „Wenn euer Leben der Gerechtigkeit Gottes nicht besser entspricht als das der Schriftgelehrten und Pharisäer, werdet ihr mit Sicherheit nicht ins Himmelreich kommen.“ (Matthäus 5,20)
Ganz gerecht ist diese Schmähung nicht. Als eine Art intellektueller Elite des Judentums waren die Pharisäer keineswegs alle Heuchler. Sie verlangten vielmehr von sich wie von allen Juden, dass Gottes Gebote im Alltag streng befolgt würden. So, wie sie es sahen, verhieß nur die absolute Treue gegenüber den mosaischen Gesetzen die Aussicht auf ein glückliches Jenseits. Der Konflikt der Pharisäer mit Jesus ergab sich daraus, dass sie nur zu oft dem Buchstaben des Gesetzes gerecht zu werden

versuchten, dabei aber seinen eigentlichen Sinn verfehlten. Jesus verlangte zwar ebenfalls Gesetzestreue, er stellte sie jedoch stets in einen größeren Zusammenhang und fragte nach dem Sinn der Texte. Den eher konservativ ausgerichteten Pharisäern konnte das nicht gefallen, und das umso weniger, als Jesu gern und häufig gepflegter Umgang mit verachteten Außenseitern wie Huren, Geldeintreibern und Aussätzigen für sie eine besondere Provokation gewesen sein muss. Von so einem ließen sie sich doch nicht ihre Gesetze neu deuten und sich erklären, was denn im religiösen Sinn rein und erlaubt sein könnte!

Besonders dürfte es die Pharisäer gereizt haben, dass Jesus als ein immer mehr Anhänger gewinnender religiöser Revolutionär ihren Lehren nicht etwa jeden Wert absprach, sondern dass er im Gegenteil behauptete, sie erst zu vollem Glanz zu bringen: „Denkt nicht, dass ich gekommen sei, um das Gesetz und die Weisungen der Propheten außer Kraft zu setzen. Ich bin nicht gekommen, um sie aufzuheben, sondern um sie zu erfüllen und ihnen ihre volle Geltung zu verschaffen.“ (Matthäus 5,17)

Von solchen Auseinandersetzungen abgesehen, stand Jesus den Pharisäern allerdings vermutlich nicht völlig fern. Versuchten sie doch ebenso wie er ihren Glauben im Alltag der Menschen zu verankern, sie liebten ebenso wie er die Menschen und sie glaubten ebenso wie er an ein Leben nach dem Tod.

Im jüdischen Volk zur Zeit Jesu war das Ansehen der Pharisäer deswegen lange nicht so schlecht, wie es in der christlichen Nachwelt später werden sollte. Als Jesus Maria Magdalena nach seiner Auferstehung am leeren Grab erscheint, spricht sie ihn deshalb mit dem traditionellen pharisäischen Ehrentitel „Rabbuni“, d. h. Meister oder Lehrer, an (Johannes 20,16), das-

selbe hatte lange vorher auch schon ein Blinder getan, der auf Heilung durch Jesus hoffte (Markus 10,51).
Vielleicht waren die Pharisäer doch besser als ihr Ruf …

Prophet

Die Propheten vor allem des Alten Testaments waren keine frühen Trendforscher, die ihren Zeitgenossen einen Blick auf die angesagtesten Mantelschnitte und Umhangfarben der kommenden Saison eröffneten. Ihre Aufgabe war eher, als eine Art Sprachrohr Gottes den Zustand der gegenwärtigen oder zukünftigen Beziehungen zwischen Himmel und Erde zu beschreiben, durch die Schilderung einer glorreichen Endzeit Trost zu spenden und Mut zu machen oder – wie es sehr oft der Fall war – Volk und Herrscher zur Umkehr aufzurufen.
Man könnte Propheten also durchaus mit modernen Politikberatern vergleichen, nur, dass sie nicht im Auftrag politischer Parteien unterwegs waren: Ihr Auftraggeber saß ganz, ganz oben. Unter Prophetie versteht man entsprechend zwar die – göttlich inspirierte – Vorhersage zukünftiger positiver wie negativer Ereignisse, sie ist jedoch alles andere als die Taschenspielerkunst der Wahrsagerei und keineswegs eine biblisch gebilligte Abart des Kartenlesens oder der Astrologie.
Da die Propheten bei ihren Auftritten – sei es nun in aller Öffentlichkeit oder nur vor Herrscherthronen – in der Regel kein Blatt vor den Mund nahmen und gesellschaftliche wie religiöse Fehlentwicklungen deutlich beim Namen nannten, gerieten sie ebenso häufig in Konflikt mit den herrschenden Mächten wie mit der herrschenden Meinung. Das mag nicht zuletzt auch einer der Gründe dafür gewesen sein, dass Jesus selbst einmal resignierend feststellen musste: „Nirgends ist ein Prophet ohne

Ansehen außer in seiner Heimat, bei seinen Verwandten und in seiner Familie.“ (Markus 6,4)
Falsche Propheten gab es in der jahrtausendelangen biblischen Geschichte selbstverständlich auch. Darüber, wie sie zu erkennen sind und wie mit ihnen umgegangen werden sollte, äußert sich die Bibel selbst mit der erfreulichen Klarheit eines zeitgenössischen Warentests: „Wenn ein Prophet im Namen des Herrn verkündet und sein Wort sich nicht erfüllt und nicht eintrifft, dann ist es ein Wort, das nicht der Herr gesprochen hat. Der Prophet hat sich nur angemaßt, es zu sprechen. Du sollst dich dadurch nicht aus der Fassung bringen lassen.“ (Deuteronomium 18,22)
Wenn es doch immer so einfach wäre …

Psalm

Wörtlich verstanden sind die biblischen Psalmen nicht mehr als zu einem Saiteninstrument gesungene Lieder. Als Verfasser der meisten von ihnen galt lange der jüdische König David, nach den Schilderungen der Bibel gleichermaßen ein ebenso fähiger Herrscher und Heerführer wie ein begabter Sänger, Harfenspieler und notorischer Frauenheld. Die moderne Bibelforschung kann diese Autorenannahme jedoch nicht bestätigen: Sie nimmt für die Entstehung der Psalmen eine längere Epoche als nur die Lebenszeit Davids an und schreibt sie auch nicht nur einem einzigen Verfasser zu.

Die Psalmen gehören nach wie vor zu den bekanntesten und populärsten Teilen der Bibel, handelt es sich bei ihnen doch um thematisch weit gefasste Gedichte von zeitloser Schönheit. Sie dürften einst zu Zither, Harfe oder Leier gesungen worden

sein, ihre Melodien sind allerdings leider längst verloren gegangen.
Die einhundertfünfzig geistlichen Hymnen, Lieder und Gebete, die neben weiteren Texten, die sich an anderen Stellen der Bibel finden, das alttestamentliche Buch der Psalmen bilden, stellen alles andere als eine bloße Volksliedsammlung dar, und sie sind auch kein Ergebnis schlichter jüdischer Volksfrömmigkeit. Die Psalmen haben vielmehr als literarische Kunstwerke von hohem Rang zu gelten, für die zwar jeweils einzelne Dichter und Sänger die Urheberschaft beanspruchen können, deren Namen aber nicht mehr bekannt sind oder bei denen die Autorenschaft als unsicher anzusehen ist.
Sensibel haben Dichter der Psalmen künstlerisch umgeformt und wiedergegeben, was zu ihrer Entstehungszeit viele Menschen gefühlt haben und was viele auch heute immer noch fühlen. Wie sehr ihnen das gelungen ist, zeigt – in der von beiden großen Kirchen anerkannten Einheitsübersetzung von 2016 – beispielhaft der König David zugeschriebene dreiundzwanzigste Psalm, einer der wohl bekanntesten und beliebtesten Texte der Bibel:
„Der Herr ist mein Hirt, nichts wird mir fehlen. Er lässt mich lagern auf grünen Auen und führt mich zum Ruheplatz am Wasser. Meine Lebenskraft bringt er zurück. Er führt mich auf Pfaden der Gerechtigkeit, getreu seinem Namen. Auch wenn ich gehe im finsteren Tal, ich fürchte kein Unheil; denn du bist bei mir, dein Stock und dein Stab, sie trösten mich. Du deckst mir den Tisch vor den Augen meiner Feinde. Du hast mein Haupt mit Öl gesalbt, übervoll ist mein Becher. Ja, Güte und Huld werden mir folgen mein Leben lang und heimkehren werde ich ins Haus des Herrn für lange Zeiten.“ (Psalm 23)
Solche Psalmverse, wie sie häufig in Gottesdiensten, bei Trauungen und selbstverständlich als Trost für die Hinterbliebenen

auch bei Beerdigungen gebetet werden, drücken eine Lebensweisheit aus, die die Grenzen der Zeit und der Religionen überspringt. Dennoch griffe jeder zu kurz, der sie nur als eine Art göttlich inspiriertes Poesiealbum voll religiöser Sinnsprüche ansehen würde. Sie sind weit mehr. Höchst poetisch legen sie ein gültiges Zeugnis dafür ab, wie Menschen sich mit ihrem nicht immer unproblematischen Verhältnis zu ihrem Gott auseinandersetzen, wie sie ihren Herrn loben und preisen, wie sie ihm danken, manchmal auch mit ihm hadern und – nicht zu vergessen – wie sie in Notlagen auch immer wieder Zuflucht bei ihm suchen.

Reformation

Zunächst war die Lage noch ziemlich übersichtlich. Anfangs verstanden sich die frühen Christen mehr oder weniger als eine einzige große Gemeinschaft, die von ihrem Heiland in Jerusalem gestiftet worden war. Sicher, es gab Streit in den Gemeinden und es gab auch immer wieder Abspaltungen, aber historisch gesehen blieben sie ohne Bedeutung. Die Kirche konnte sich immer noch als der eine mystische Leib Christi verstehen. Dann – wir befinden uns jetzt irgendwo am Ende des Frühmittelalters – zerstritten sich nach längeren Scharmützeln Rom und Konstantinopel auf Dauer. Es kam zum endgültigen Bruch, und statt einer einzigen christlichen Kirche hatte die Welt nun plötzlich deren zwei.

Doch damit nicht genug. Der Überlieferung nach schlug ein gewisser Dr. Martinus Luther (s. weiter oben, S. 143 ff) am 31. Oktober 1517 fünfundneunzig Thesen an die Tür der Schlosskirche zu Wittenberg. In ihnen kritisierte er den Papst heftig wegen seines Ablasshandels und forderte – daher der Name – eine Reform der katholischen Kirche „an Haupt und Gliedern": Die Reformation hatte begonnen.

Ein blockartiges Gegenüber für den Katholizismus hat sie allerdings nie hervorgebracht. Zu hundert Prozent einig sind sich die Kirchen der Reformation bestenfalls darin, dass der Papst in Rom für sie nicht die letzte Autorität in Glaubensfragen ist. Zwar dürfte kein ernst zu nehmender protestantischer Theolo-

ge heute noch wie Luther den Papst als „Antichristen“ bezeichnen, für Protestanten ist der oberste Oberhirte der Katholiken jedoch nicht mehr, aber auch nicht weniger als der katholische Bischof von Rom. Wie es der schon seit der Zeit kurz nach der Reformation nachweisbare Begriff „evangelisch“ bereits andeutet, sind für evangelische Christen allein die Evangelien und die Bibel insgesamt die Leitlinien ihres Glaubens.
Martin Luther selbst hatte mit seinem Grundsatz „sola scriptura“ (zu Deutsch: allein die Schrift) dieses Glaubensfundament gelegt. Ein schlicht wörtliches Verständnis der Bibel, wie es einige fundamentalistische Gruppen vertreten, wollte Luther damit jedoch keinesfalls zum Maßstab machen. Ihm ging es nicht darum, jede Auslegung der Bibel überhaupt zu verhindern, er wollte nur nicht, dass kaum nachvollziehbare kirchliche Traditionen und mitunter obskure Lehren das Leben der Christen bestimmten. Kirchen- und machtpolitische Interessen – ganz Europa gab da ein schlechtes Beispiel – sollten keinen Einfluss darauf haben, wie das Wort Gottes zu verstehen sei.

Mit ähnlicher Entschlossenheit wandte Luther sich auch gegen den Heiligenkult in der katholischen Kirche. Dort gelten Menschen, die zu ihren Lebzeiten besonderen Glauben zeigten, die als Märtyrer für ihren Glauben starben oder deren enge Beziehung zu ihrem Gott durch Wunder unterstrichen wurde, als Fürsprecher und Mittler zu Gott. Im Verhältnis mit dem Himmel scheint mit dieser Vorstellung manches ähnlich zu funktionieren wie auf Erden: Mit den richtigen Beziehungen kommt man einfach schneller ans Ziel!
Martin Luther hat mit dieser Sicht der Dinge aufgeräumt. Nach lutherischer Lehre bedarf es keiner Kontaktpersonen im Himmel; der betende und bittende Zugang zu Gott steht prinzipiell jedem Christen offen.

Allein auf Gott kommt es nach der Theologie Luthers auch an, wenn es um die sogenannte „Rechtfertigung“ des Menschen geht. Hinter diesem selbst für die meisten Christen unverständlichen bis irreführenden Begriff steckt eine einfache Frage: Was bringt eine durch Sünden belastete bis schwer gestörte Beziehung zwischen Gott und den Menschen wieder in Ordnung? Theologisch ausgedrückt: Was rechtfertigt den Menschen vor Gott?

Luthers Antwort auf diese zentrale Frage ist eindeutig und erklärt nicht zuletzt auch seine Ablehnung des Ablasshandels. Der Mensch kann sich vor seinem Herrn nicht aus eigener Kraft durch Geld, gute Worte oder selbst gute Taten wieder in ein günstiges Licht setzen. Allein Gott kann aus seiner Gnade heraus die Beziehung zwischen Schöpfer und Geschöpf wieder reparieren. Er ist dabei völlig unabhängig; seine Zuwendung lässt sich nicht erkaufen.

Luther in Wittenberg, die Reformatoren Johannes Calvin in Genf und Ulrich Zwingli in Zürich: Das 16. Jahrhundert war für den Katholizismus keine einfache Zeit. Überall gärte es, die Liste der Reformatoren geht weit über diese drei wohl berühmtesten Namen hinaus. Aus einer Bewegung, die im Wortsinn ein „Protest“ gegen die Verkrustungen und Fehlentwicklungen in der katholischen Kirche darstellte, entstand eine Vielfalt unterschiedlichster Kirchen, die sich zunächst vor allem von Deutschland und der Schweiz, später auch von England aus über die ganze Welt verbreiteten. Zu ihnen gehören die Adventisten und Baptisten ebenso wie die Mennoniten und Methodisten, die Quäker und nicht zu vergessen solche Gemeinschaften wie die ebenso bibelfeste wie missionarisch aktive Herrnhuter Brüdergemeine[7] und die schnell wachsenden und vor allem auf das gefühlte Gotteserlebnis setzenden Pfingstkirchen.

Reliquie

Die wohl berühmteste Reliquie der Welt dürfte das sogenannte „Turiner Grabtuch“ sein, ein über vier Meter langes und über einen Meter breites Leinentuch, in das nach der Überlieferung nach der Kreuzigung der Leichnam Jesu gewickelt wurde und auf dem er über die Jahrtausende hinweg seine Spuren hinterlassen hat: Man erkennt auch heute noch den Abdruck eines blutigen Körpers.

Ob dieses Leichentuch nun echt ist oder nicht, darüber gehen die Meinungen selbst nach aufwändigen wissenschaftlichen Untersuchungen nach wie vor auseinander. Sicher ist nur, dass das Tuch für viele Christen eine sicht- und greifbare Verbindung zu ihrem Gott darstellt, ähnlich wie die unzähligen anderen Reliquien auch, die sich in den katholischen Kirchen auf dem ganzen Erdball finden.

Als Reliquie (aus dem Lateinischen „reliquiae“ = Überbleibsel) bezeichnen Katholiken dabei alles das, was von verstorbenen Heiligen übrig blieb. Das können Teile ihrer Körper sein, aber auch Gegenstände, die von diesen Heiligen benutzt oder auch nur berührt wurden. Diesen Reliquien werden häufig heilende oder wundertätige Wirkungen zugesprochen, sie werden deshalb in der Volksfrömmigkeit stark verehrt und sie sind das Ziel von Pilgerpfaden und zum Teil großer Wallfahrten.

Angefangen hat der Reliquienkult mit der Beobachtung der ersten Christen, dass es auch nach dem Kreuzestod und der Auferstehung Jesu Christi mit seinen Wundern nicht vorbei war. Nach wie vor wurden beispielsweise in seinem Namen Kranke geheilt. Die Apostel gehörten bei diesen unerklärlichen Ereignissen zwar zu den größten Wundertätern, wenn man der Bibel glauben will, sie mussten aber noch nicht einmal immer persönlich anwesend sein, um eines dieser Wunder zu wirken.

Die Apostelgeschichte nennt ein eindrucksvolles Beispiel: „Gott ließ durch Paulus ganz ungewöhnliche Dinge geschehen. Die Leute nahmen sogar seine noch schweißfeuchten Kopf- und Taschentücher und legten sie den Kranken auf. Dann verschwanden die Krankheiten und die bösen Geister fuhren von den Besessenen aus." (Apostelgeschichte 19,11 f)

Diese Stelle des Neuen Testaments markiert für die katholische Kirche so etwas wie den Beginn des Reliquienkultes. Gleiches gilt für die Erzählung im Matthäusevangelium Matthäus 9,20 ff), in der eine an Blutungen leidende Frau allein dadurch gesund wird, dass sie das Gewand Jesu berührt. Schriftlich überliefert ist die Verehrung von Reliquien seit dem 2. Jahrhundert, drei- bis vierhundert Jahre später werden dann in fast allen Kirchen Reliquien aufbewahrt.

Dieser Reliquienkult hat sich mittlerweile bis ins Internet ausgedehnt. Vor allem die kommerzielle Gier nach den im kirchlichen Bereich kostenlos abgegebenen Reliquien macht dem Vatikan dabei wachsende Sorgen. Obwohl der Handel mit sakralen Gegenständen seitens der Kirche streng verboten ist und als schwerer Frevel gilt, hat sich über Online-Auktionshäuser inzwischen ein neuer internationaler Markt mit allem eröffnet, das mit Heiligen oder Heiligem in Verbindung gebracht werden kann, von zum Teil plumpen Fälschungen gar nicht zu reden.

Dass hier per Mausklick wertvolles Glaubensgut ganz profan gegen Bares den Besitzer wechselt, geißelte etwa der mittlerweile emeritierte Kurienkardinal José Saraiva Martins als „gotteslästerlichen Internet-Handel". Gleichzeitig drückte er bei seinem Protest die sicherlich nicht unbegründete Befürchtung aus, christliche Reliquien könnten auf dem Weg über dunkle Online-Kanäle sogar in die Hände von Satanisten gelangen, die sie dann für Schwarze Messen und andere okkulte Rituale missbrauchten.

Obwohl es von den Windeln des Jesuskinds über die Bretter seiner Geburtskrippe bis zu Splittern seines Kreuzes jede Menge und jede Art von Jesus-Reliquien gibt, müssen fromme Gläubige wie habgierige Spekulanten auf eines naturgemäß verzichten: auf Knochen. Da Jesus Christus nach dem Glauben seiner Anhänger und den Versicherungen der Evangelien von den Toten auferstanden und körperlich in den Himmel aufgefahren ist, kann es von seinem Leib hier auf der Erde verständlicherweise keine Überreste geben.

Sakrament

Das Wort „Sakrament“ leitet sich vom lateinischen „sacrare“, d. h. weihen oder heiligen ab. Christen verstehen unter ihm das sichtbare Zeichen oder Symbol einer unsichtbaren, für sie aber dennoch durch ihren Glauben verbürgten Wirklichkeit. Schon diese Erklärung zeigt, dass es auch das ist, was ein weiterer Name andeutet: In manchen Schriftstellen wird nämlich statt von „sacramentum“ auch griechisch von „mysterion“ gesprochen, also von einem Mysterium oder Geheimnis.
Wie in vielen anderen Dingen unterscheiden sich katholische und evangelische Kirche auch in Bezug darauf, was sie als Sakrament betrachten.
Für die katholische Kirche gibt es sieben Sakramente: die Taufe, die Eucharistie oder – volkstümlicher ausgedrückt – die Feier der Heiligen Messe, die Firmung als Bestätigung des Glaubens und volle Aufnahme in die Gemeinde, die Ehe, die sich als einziges Sakrament die beiden Ehepartner selbst spenden, die Beichte oder das Bußsakrament, die Weihe zum Diakon, Priester oder Bischof und schließlich die Krankensalbung, die früher auch etwas weniger feinfühlig als „letzte Ölung“ bezeichnet wurde.
Die evangelischen Kirchen kennen nur zwei Sakramente, da sie für ein Sakrament zum einen ein sichtbares Zeichen und zum anderen ein ausdrückliches Stiftungswort Jesu verlangen. Für sie gibt es also nur die Taufe und das Abendmahl.

Salome

Bei einer biblischen Oscar-Verleihung hätte sie wahrscheinlich eine Auszeichnung für die beste Nebenrolle bekommen. Sie wird in der Bibel zwar noch nicht einmal namentlich erwähnt, sodass ihr Name geradezu kriminalistisch erschlossen werden muss, und ihre Geschichte ist überdies nicht mehr als eine kurze Episode innerhalb der Evangelien, dennoch ist die Tänzerin Salome zu einer Berühmtheit geworden, die nicht nur im kirchlichen Raum Beachtung gefunden hat. Viele Künstler haben sich durch ihren folgenreichen Auftritt im Beiprogramm eines Staatsbanketts zu Meisterwerken inspirieren lassen: Sie steht im Zentrum eines Mosaiks im Markusdom von Venedig, Gustave Flaubert widmete ihr eine Erzählung, Oscar Wilde eine Tragödie, der erotische Jugendstilkünstler Aubrey Beardsley verewigte sie in aufregendem Schwarz/Weiß und Richard Strauss machte aus ihrer Geschichte gar eine Oper.

Begonnen hatte alles quasi mit einer oppositionellen Öffentlichkeitsaktion. Johannes der Täufer, bekanntermaßen ein Mann von großer Sittenstrenge und alles andere als ein Freund ausschweifenden Lebenswandels, hatte die gesetzwidrige Heirat zwischen dem König Herodes Antipas und seiner Schwägerin Herodias öffentlich als Ehebruch angeprangert. Herodes, der nicht mit dem biblischen Kindermörder gleichen Namens identisch ist[8], hatte ihn daraufhin aus Gründen der Staatsraison und auf Wunsch seiner gekränkten Gattin in den Kerker werfen lassen.

Als nun bei der offiziellen Feier des königlichen Geburtstages Herodes' Stieftochter Salome die anwesenden Männer mit einer offensichtlich erotisch-schwülen Darbietung vermutlich um jeden Verstand getanzt hatte, nahm sie ihrem Stiefvater den leichtsinnigen Schwur ab, ihr jeden Wunsch zu erfüllen, der ihr über die Lippen käme.

Angestiftet von ihrer Mutter Herodias, verlangte Salome nun aber nicht etwa teuren Schmuck, sondern sie äußerte einen unerwartet schauerlichen Wunsch: „Lass mir auf einer Schale den Kopf Johannes' des Täufers herbringen!" (Matthäus 14,8)
Ihrem Stiefvater Herodes kam dieses Begehren vermutlich höchst ungelegen, da er Angst haben musste, mit einer gewaltsamen Aktion gegen den im Volk beliebten Johannes seine Herrschaft zu gefährden. Da er seinen Eid aber vor Zeugen geschworen hatte, kam er nicht mehr von ihm los, und das Schicksal des prophetischen Predigers war besiegelt: Er wurde tatsächlich hingerichtet.
Salomes animierende Hüftschwünge hatten damit einen bedeutenden Märtyrer geschaffen, sie selbst verschwindet nach ihrem grausigen Debut allerdings schnell wieder im Dunkel der Geschichte. Nur ihr Ruf hat überdauert, auf ewig hin- und herspielend zwischen femme fatale und verführerischer Kindfrau.

Salomo

Der anhaltende Ruhm des biblischen Königs Salomo hat vor allem eine Ursache: seine – eben – „salomonischen Urteile". Darunter versteht man noch heute besonders lebenskluge Richtersprüche, die darauf zurückgehen, dass Salomo einst etwa sehr unkonventionell entschied, wer die Mutter eines Säuglings war, um den zwei Frauen stritten. Er befahl, das Kind in der Mitte durchzuteilen und beiden je eine Hälfte zu geben. Es kam, wie der richtende König es geahnt hatte: Die echte Mutter verzichtete voller Schrecken, der Fall war gelöst.
Doch Salomo, Sohn König Davids und selbst im

10. Jahrhundert vor Christi Geburt König von Israel, ist nicht nur wegen seiner Urteilskraft einen genaueren Blick wert. Salomo ist eine außergewöhnlich vielschichtige Persönlichkeit, die gleichermaßen extreme Licht- wie Schattenseiten aufweist. Begonnen hatte für den jungen Salomo alles mit einem Traum und dem Angebot seines Gottes Jahwe, ihm seinen größten Wunsch zu erfüllen. Salomo bittet daraufhin nicht etwa um unermessliche Schätze oder die Weltherrschaft, er wünscht sich stattdessen nur die Weisheit, zwischen Gut und Böse unterscheiden zu können. Gott ist offensichtlich so angetan von einem solchen Maß an Bescheidenheit, dass er nicht nur Salomos Bitte erfüllt, sondern weit darüber hinausgeht: „Auch das, worum du mich nicht gebeten hast, will ich dir geben: Ich werde dir Reichtum und hohes Ansehen schenken, sodass zu deinen Lebzeiten kein König sich darin mit dir messen kann. Und wenn du meine Gebote so treu befolgst wie dein Vater David, dann schenke ich dir auch ein langes Leben." (1 Könige 3,13 f)

Eigentlich könnte mit einer derartigen Garantie für einen Herrscher nichts mehr schiefgehen, aber Salomo zeigt sich der ihm erwiesenen göttlichen Großzügigkeit nicht auf Dauer gewachsen. Er agiert zwar sehr geschickt auf politischem, wirtschaftlichem und kulturellem Gebiet, modernisiert Heer und Verwaltung seines Reiches, gerade sein Erfolg scheint ihn aber auch übermütig gemacht zu haben. Es gelingt ihm deshalb nicht, das von seinem Vater ererbte Großreich langfristig zu sichern.

Doch bevor es mit ihm abwärts ging, bekam er noch einen Besuch, über den ebenfalls immer noch die Welt spricht. Die legendäre Königin von Saba hatte von ihm, seiner Weisheit und seinem Reichtum gehört, sie stattete ihm daher eine Visite ab. Um ihn zu prüfen, gab sie ihm selbsterdachte Rätsel auf, die er alle mit Bravour löste. Seine Klugheit zahlte sich für ihn dabei nicht nur in Lobeshymnen aus, mit denen sie seine Leistungen pries: „Dann schenkte sie Salomo 120 Zentner Gold, eine Menge duftende Öle und viele Edelsteine. Nie wieder gelangte so viel kostbares Öl nach Jerusalem wie damals.“ (1 Könige 10,10) Salomo selbst könnte sich für diese Geschenke mit einer ganz besonderen Gabe revanchiert haben. Offensichtlich beließen der König von Israel und die Königin von Saba es nämlich nicht allein beim Austausch von Gedanken: Nach der Legende ist der erste äthiopische Kaiser Menelik das ganz konkrete Ergebnis dieses Treffens zweier Welten und Kulturen

Leider besaß Salomo jedoch nicht nur gute Seiten. Er erwies sich vielmehr durchaus als geltungssüchtiger Despot, der sein Volk mit harten Fronarbeiten und hohen Steuern drückte, und er blieb der Religion seiner Väter nicht treu. Die Bibel verschließt davor keineswegs die Augen, denn der Chronist bilanziert nüchtern: Salomo tat, „was dem Herrn missfällt, und hielt sich nicht mehr ausschließlich an den Herrn wie sein Vater David“ (1 Könige 11,6).

An seinem eigenen Palast baute der König beispielsweise dreizehn Jahre, der nördlich davon gelegene erste Jerusalemer Tempel, immerhin das Haus Gottes auf Erden, wurde dagegen bereits nach sieben Jahren fertig. Dessen Innenraum war denn auch nur dreißig Meter lang, während sich die große Halle in Salomos eigenem Prachtbau über eine Länge von fünfzig Metern erstreckte (vgl. 1 Könige 7,1 ff).

Von Monogamie hielt Salomo allem Anschein nach zudem so wenig, dass es dem Alten Testament, das ja keiner Gesellschaft moderner Kleinfamilien entsprang, eine längere Erwähnung wert ist. Die Bibel rechnet ihm eintausend vorwiegend ausländische Frauen und Nebenfrauen vor und kritisiert diese königliche Vielweiberei aus religiösen Gründen scharf: „Der Herr hatte den Israeliten verboten, Angehörige dieser Völker zu heiraten. ‚Ihr sollt nichts mit ihnen zu tun haben‘, hatte er gesagt;

‚sonst werden sie euch dazu verführen, auch ihre Götter zu verehren.‘ Aber Salomo liebte diese Ausländerinnen.“ (1 Könige 11,2)
Als er seinen exotischen Gespielinnen zuliebe irgendwann sogar heidnische Tempel errichtet und Götzenopfer darbringt, erzürnt diese Unbotmäßigkeit seinen eigenen Gott fürchterlich. Er bestraft König Salomo durch den Entzug von Gunst und Gütern, wegen der Verdienste seines Vaters David gewährt er ihm allerdings eine letzte Gnadenfrist: „Du hast meinen Bund gebrochen und meine Weisungen nicht befolgt. Darum werde ich dir das Königtum wegnehmen und es einem deiner Leute geben. Aber deinem Vater David zuliebe will ich das nicht schon zu deinen Lebzeiten tun, sondern erst wenn dein Sohn die Regierung übernimmt.“ (1 Könige 11,11 f)
Dabei hatte alles doch wirklich so gut angefangen …

Seele

Nach christlicher Lehre besteht jeder Mensch gewissermaßen aus zwei Bestandteilen: Er besitzt einen sterblichen Leib und gleichzeitig eine unsterbliche Seele. Die sehr zur Frustration vieler Naturwissenschaftler körperlose und daher nicht nachweisbare Seele, die zudem nichts mit der Funktion des Gehirns zu tun hat, gilt dabei für Christen gemeinhin als der Sitz der Empfindungen, des Wollens und des Denkens und damit der Identität eines Menschen. Leib und Seele bedingen einander, sie sind im menschlichen Dasein nicht voneinander zu trennen. Leider gibt es über die Seele und ihr Verhältnis zum Körper im Christentum wie auch in den anderen Religionen und selbst in den verschiedenen philosophischen Schulen nahezu so viele unterschiedliche Vorstellungen, wie es Seelen gibt.

Segen

Segen im kirchlichen Sinn lässt sich sehr gut mit der Übertragung von Kraft vergleichen. Begleitet von segnenden Gesten wie dem Auflegen der Hände, dem weiten Ausstrecken der Arme oder einem mit der rechten Hand ausgeführten Kreuzzeichen sowie feierlichen Segensformeln wird einzelnen Personen oder Gruppen wie etwa den Teilnehmern eines Gottesdienstes die Kraft und der Beistand Gottes zugesprochen. Der Segnende wie die Gesegneten können die Wirksamkeit des Segens dabei zwar naturgemäß nicht überprüfen, beide Seiten dürften von ihr aber dennoch überzeugt sein. Und selbst wenn sich vordergründig nichts verändert, ein – durchaus segensreicher – Effekt zeigt sich fast immer: Der Alltag tritt zumindest für einen Augenblick zurück, die ganze Atmosphäre rund um die Gemeinschaft von Segenspendern und Segenempfängern hat sich positiv aufgeladen.

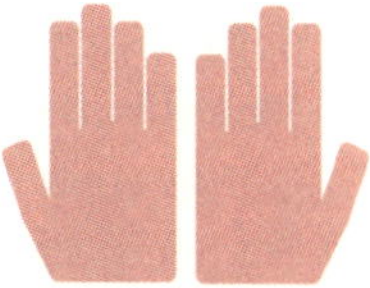

Wie könnte das angesichts von Segensformeln auch anders sein, deren Schönheit und hoffnungsfroher Aussagekraft sich wohl niemand entziehen kann. Bei Juden wie bei Christen gleichermaßen oft gesprochen wird beispielsweise der sogenannte „aaronitische Segen“, der als ältester Segensspruch der Bibel von Gott selbst stammen soll, der ihn Mose und seinen Nachkommen als über das Volk Israel zu sprechenden Segen aufgab: „Der Herr segne dich und behüte dich; der Herr lasse sein Angesicht leuchten über dir und sei dir gnädig; der Herr hebe sein Angesicht über dich und gebe dir Frieden.“ (Numeri 6,24 ff)

Gesegnet wird in und um Kirchen auch heute noch oft und gern. Da werden am Schluss eines Gottesdienstes regelmäßig ganze Gemeinden gesegnet, auf junge Erdenbürger und neue

Ehepaare wird der Segen Gottes herabgerufen, und Segen soll vornehmlich in der katholischen Kirche auch noch vieles andere finden. Im bäuerlichen Raum wird da Weihwasser versprengt über das Korn und die Früchte auf den Feldern, außerdem werden das liebe Vieh, die Pferde und bei Bedarf sämtliche Haustiere gesegnet.
Auch die Städter müssen nicht ohne Segen auskommen: Sie dürfen sich ihre Autos segnen lassen und auch alle anderen Verkehrsmittel vom Fahrrad bis zur Motoryacht der Fürsorge Gottes anvertrauen.
Segnen darf übrigens jeder. Die Bitte um göttliche Kraft und Gnade bleibt nicht auf kirchliche Amtsträger beschränkt. Wer seinem Nachbarn, seiner Familie oder seinen Freunden also etwas Gutes tun will, kann sie getrost segnen. Den Segen der Kirche dazu hat er.

Simson

So – oder oder auf Hebräisch Schimschon – heißt der wohl stärkste Mann der Bibel, aber im Deutschen hat sich eher die Namensfassung „Samson" eingebürgert, die auf die lateinische Bibelübersetzung Vulgata zurückgeht. Und gleichgültig, ob nun Samson oder Simson: Wie so oft bei den Helden des Alten Testaments erweist sich auch dieser Kraftmensch als eine Figur mit vielen Facetten. Er zerreißt Löwen mit bloßen Händen, „wie man ein gebratenes Böckchen beim Mahl in Stücke reißt" (Richter 14,6), bringt Häuser zum Einstürzen, ist ein gnadenlos killender Kämpfer. Zusätzlich ist er auch noch jähzornig und maßlos und erschlägt beispielsweise dreißig Männer, nur um mit ihrem persönlichen Besitz seine Wettschulden zu bezahlen. Andererseits ist er der biblische Prototyp desjenigen, der

kein Glück mit Frauen hat, immer wieder auf sie hereinfällt und von ihnen schamlos ausgenutzt wird.
Sicher, in der Bibel finden sich Helden wie David, der seinen Sieg über den Riesen Goliat nicht nur schierer Körperkraft zu verdanken hat, und sie hat auch größere Denker zu bieten als den starken Simson, aber der war immerhin ein Mann mit einer Mission. Und seine herausgehobene Stellung hatte sogar – ähnlich wie später bei der Gottesmutter Maria – extra ein Engel den späteren Eltern verkündet: „Der Sohn, den du zur Welt bringen wirst, soll von seiner Geburt an ein Gottgeweihter sein. (…) Mit ihm beginnt die Rettung Israels aus der Hand der Philister.“ (Richter 13,5)

Sein Gott hatte also trotz seiner Fehler Vertrauen in Simson. Dessen dennoch unübersehbare Tragik liegt denn auch hauptsächlich darin, dass er allzu oft die falschen Frauen liebte und auf die falschen Freunde setzte. Aus diesem Mangel an „soft skills“, wie man heute sagen würde, ergeben sich immer wieder Konflikte, die höchst blutig enden und ihn schließlich in einen tödlichen Abgrund ziehen.
Wie nach dieser Vorrede zu erwarten, ist es auch eine Frau, die Samson zum Verderben wird. Nach einem sexuell durchaus aktiven und alles andere als eintönigen Vorleben verliebt er sich irgendwann in die schöne Philisterin – und damit eigentlich Feindin – Delila (s. weiter oben, S. 77 f). Die wird entsprechend sofort von ihren Fürsten als Agentin in Dienst genommen: „Überliste ihn durch deine Verführungskunst! Sieh zu, dass du herausbringst, woher er seine Kraft hat und was wir tun müssen, um ihn in unsere Gewalt zu bringen und zu fesseln.“ (Richter 16,5) Allein Patriotismus dürfte sie bei dieser Aufgabe nicht geleitet haben: Ihre Fürsten versprechen ihr für ihre Dienste elfhundert Silberstücke. Von jedem.

Simson, offensichtlich doch nicht ganz so naiv wie gedacht, führt sie zunächst mehrmals auf eine falsche Fährte, schließlich gesteht er ihr aber doch, seine Kraft beruhe darauf, dass er seine Haare ungehindert wachsen lasse. Die Folgen dieses Geständnisses sind furchtbar: Die betrügerische Delila lässt ihn zunächst arglos in ihrem Schoß einschlafen und ruft dann einen Philister, der ihm seine Locken abschneidet. Seine Feinde können den jetzt Kraftlosen nun gefangen nehmen, und nicht nur das: Sie stechen ihm die Augen aus und werfen ihn ins Gefängnis von Gaza. Dort wird er mit zwei bronzenen Ketten gefesselt und muss die Kerkermühle drehen.
So weit, so schlecht. Doch überraschenderweise machen die Philister einen großen Fehler. Sie denken nicht daran, dass Simsons Haare wieder nachwachsen und dass damit auch seine Kraft wieder zunimmt. Als sie ihn nach etlicher Zeit einmal aus seinem Verließ holen, um ihren brutalen Spaß mit dem scheinbar hilflosen Riesen zu haben, reißt er das Haus ein, zwischen dessen Säulen und auf dessen Dach sich die Menschenmenge versammelt hat, die ihn verspotten will. Er selbst kommt dabei zwar unter den Trümmern um, mit ihm sterben aber nicht nur alle Fürsten der Philister, sondern darüber hinaus noch mehr als dreitausend weitere Menschen. Wie die Bibel nüchtern feststellt, waren es damit mehr Tote, „die er durch seinen Tod tötete, als die er zu seinen Lebzeiten getötet hatte" (Richter 16,30).

Sintflut

Die biblische Sintflut ist wohl die größte Katastrophe, die die Menschheit bisher getroffen hat. Nach dem Buch Genesis war sie eine globale Überschwemmung, bei der das Wasser nach vierzigtägigen Regengüssen so hoch stieg, dass selbst alle Bergspitzen überflutet wurden. In der Folge starben alle Lebewesen auf der Erde – alle, bis auf den „gerechten und untadeligen“ Noach samt seiner Familie und den Tieren, die er zur Wiederbesiedelung der Erde auf Gottes Geheiß auf seine Arche geführt hatte.

Der Grund für die Sintflut war, dass sich die Erde und auf ihr vor allem die Menschen in eine Richtung entwickelt hatten, mit der Gott als ihr Schöpfer einfach nicht mehr zufrieden sein konnte: „Der Herr sah, dass auf der Erde die Bosheit des Menschen zunahm und dass alles Sinnen und Trachten seines Herzens immer nur böse war.“ (Genesis 6,5) Er reagiert auf diese Fehlentwicklung, die nicht zuletzt ja auch das Verhältnis zwischen Gott und den Menschen auf Dauer zu ruinieren droht, erstaunlich gefühlsbetont und eigentlich sehr menschenähnlich: Wie ein moderner Computerspieler greift er direkt in das Geschehen auf dem irdischen „Screen“ ein. Mit der Sintflut löscht er das Leben in seiner Schöpfung zunächst weitestgehend aus, um anschließend mit Noach einen Neuanfang zu wagen. Anders gesagt: Er macht einen Reset.

Ganz neu ist dieser Neustart übrigens nicht. Eine Sintflut wie im Alten Testament ist in den Heiligen Schriften der Religionen vielmehr keinesfalls einzigartig, was ihre Glaubwürdigkeit durchaus erhöhen könnte.

Ein Beispiel dieser Gattung findet sich zum Beispiel bereits im babylonischen Gilgamesch-Epos, das wiederum auf noch ältere sumerische Mythen zurückgeht. Die frühesten schriftlich festgehaltenen Geschichten von einer Überflutung der gesamten Erde entstanden ungefähr um 2600 vor Christus; damit sind sie rund anderthalb Jahrtausende älter als der biblische Sintflut-Bericht.

Da alle diese Texte aus geografisch benachbarten Gebieten stammen, ist keineswegs auszuschließen, dass sie auf denselben Überlieferungen beruhen, in denen eine verheerende, wenn auch nur lokal begrenzte Flutkatastrophe geschildert wird. Die zeitgenössische Bevölkerung, die ja nicht allzu mobil war und auch nicht über die besten Kommunikationsmöglichkeiten verfügte, mag eine weiträumige Überschwemmung dabei durchaus als eine Art Weltuntergang empfunden haben.
Doch gleichgültig, ob nun nur gefühlter oder tatsächlicher Weltuntergang: Von einer Bestrafung für die Sündhaftigkeit der Menschen leitet sich der Name „Sintflut“ in keinem Fall ab. Ein Blick in die einschlägigen Wörterbücher zeigt schnell, dass das Wort „Sintflut“ auf das althochdeutsche „sinfluot“ zurückgeht, bei dem die Vorsilbe „sin“ schlicht „groß“ oder „andauernd, immerwährend“ bedeutet. Der Begriff einer Sintflut bezeichnet also nichts anderes als eine große, lange dauernde Überschwemmung. Auf die Sünde wurde die Sintflut erst bezogen, als mit der Sprachentwicklung die Vorsilbe „sin“ unverständlich zu werden begann.
In anderen Sprachen wie dem Englischen, dem Italienischen oder dem Französischen gab es eine solche Möglichkeit zur sinnentstellenden Verirrung übrigens nie. Die Engländer sprechen nüchtern von „the great flood“, die Italiener halten es wie so oft mit „il diluvio universale“ etwas gewaltiger, während die Franzosen mit einem simplen „déluge“ überraschend eher die Untertreibung pflegen.

Sodom und Gomorra

Sodom und Gomorra, diese beiden Städte, von denen man heute nicht einmal mehr ihre genaue Lage kennt, waren offensichtlich moralisch so verkommen, dass selbst die sündigste Meile einer modernen Großstadt gegen sie wirken muss wie eine beschauliche Dorfstraße. Sie wurden im Alten Testament von Gott deshalb samt allen ihren Bewohnern durch einen Schwefel- und Feuerregen zerstört, nachdem sich in ihnen nicht einmal zehn Rechtschaffene hatten finden lassen.

Bei frommen Bibellesern gilt es als weitgehend akzeptiert, dass das Fehlverhalten der Leute von Sodom und Gomorra bestraft werden musste. Was sie allerdings überhaupt falsch gemacht hatten und worin ihre Missachtung von Gottes Willen bestand, das ist immer noch strittig. Der Begriff der Sodomie, der – je nach Kulturkreis – vom Oralverkehr bis zum Verkehr mit Tieren verschiedene Formen des Sexualverhaltens bezeichnet, deutet allerdings bereits an, in welche Richtung viele Verdächtigungen gehen könnten.

Namentlich christliche Traditionalisten glaubten und glauben, dass die göttliche Strafaktion vor allem wegen der sexuellen Präferenzen ihrer Bevölkerung, von denen die Bibel spricht, auf die beiden Städte niederging. In den neueren Übersetzungen ist das Buch Genesis hier von unverblümter Eindeutigkeit, wenn es den Pöbel vor dem Haus des aufrechten Lot etwa fordernd fragen lässt: „Wo sind die Männer, die heute Abend zu dir gekommen sind? Gib sie heraus, wir wollen mit ihnen Verkehr haben!“ (Genesis 19,5)

Die offenbar völlig enthemmten Männer planen hier nichts anderes als eine homosexuelle Massenvergewaltigung. In Verbindung mit der späteren Zerstörung der Städte legt das tatsächlich die Deutung nahe, hier sollte ein für Gott unerträgli-

ches und deshalb von ihm verbotenes Sexualverhalten abgestraft werden.
Mit Sicherheit ist dies eine der Bibelauslegungen, die sich über Jahrhunderte hinweg am fürchterlichsten ausgewirkt hat und sich immer noch auswirkt. Ist sie doch eine der Ursachen für blutige Verfolgungen von Homosexuellen, für Vorurteile und Vorverurteilungen, für unzählige psychische Verformungen und zum Teil tödliche Schuldgefühle. Aber war abnormer Sex wirklich das, was Gott erbost hat und ihn zu Feuer und Schwefel greifen ließ?
Viele zeitgenössische Theologen haben inzwischen die These von einer göttlichen Schwulenfeindlichkeit zu den Akten gelegt. Sie sehen den Untergang Sodoms und Gomorras stattdessen als Reflex auf die allgemeine Verwilderung der Sitten in den Städten, die sich nicht zuletzt in einer schwerwiegenden Verletzung des von Lot in Ehren gehaltenen Gastrechtes ausdrückt. Besaß dieses Recht doch für die damalige Gesellschaft eine derartige Bedeutung, dass Lot sogar eher in einem für einen heutigen Vater kaum nachvollziehbaren Akt seine beiden unschuldigen Töchter opfern würde als sich gegen die Verpflichtung zu vergehen, diejenigen zu schützen, die er unter seinem Dach aufgenommen hat.
Welchen zentralen Stellenwert das Gastrecht in einer Gesellschaft besitzen musste, deren Infrastruktur noch sehr lückenhaft war, wird nicht zuletzt durch Szenen im Matthäus- oder Lukasevangelium gestützt, in dem Jesus eine deutliche Verbindungslinie zwischen der Verletzung des Gastrechts und dem Schicksal von Sodom und Gomorra zieht: „Wenn ihr aber in eine Stadt kommt und man euch nicht aufnimmt, dann geht durch ihre Straßen und ruft: ‚Selbst den Staub, der sich in eurer Stadt an unsere Füße geheftet hat, wischen wir ab, damit ihr gewarnt seid. Aber das sollt ihr wissen: Das Reich Gottes ist

gekommen.‘ Ich sage euch: Sodom wird es am Tag des Gerichts noch erträglich gehen im Vergleich zu solch einer Stadt.“ (Lukas 10,10 ff)
Was nun aber für niemand ein Argument sein sollte, zwar zu seinen Gästen nett zu sein, sich sonst aber alles zu erlauben. So dürfte Jesus seine Sätze nun auch nicht gemeint haben …

Sonntag

Nein, der arbeitsfreie Sonntag wurde nicht von den Gewerkschaften erkämpft, er ist älter. Wird mit ihm doch wenigstens einmal pro Woche die Christlichkeit des christlichen Abendlands besonders spürbar, auch wenn das vermutlich niemand mehr so richtig merkt. Genau genommen ist nämlich jeder Sonntag ein christlicher Feiertag.
Er geht zurück auf den römischen Kaiser Konstantin, der im Jahr 321 einen allgemeinen wöchentlichen Ruhetag verfügte, an dem auch Sklaven und Soldaten zum Gottesdienst gehen und an christlichen Feiern teilnehmen konnten.
Ursprünglich war nach jüdischem Vorbild auch für die Christen der arbeitsfreie Tag der Schabbat. An diesem letzten Tag ihrer Woche gedenken die Juden der Vollendung der Schöpfung, denn auch Gott soll nach biblischer Überlieferung nach sechs Tagen überschäumender Kreativität eine Pause eingelegt haben.
Schon bald kam in den christlichen Gemeinden jedoch der Wunsch auf, sich stärker von den jüdischen Brüdern und Schwestern abzugrenzen. Statt am letzten Tag der jüdischen Woche ruhten die Christen nun an deren erstem – und sie hatten dafür sogar eine theologische Begründung gefunden. War nicht Jesus nach seiner Kreuzigung an einem solchen Tag

von den Toten auferstanden? Und war an diesem Tag der Erlösung nach christlichem Verständnis nicht eine neue Welt mit einem neuen, versöhnten Verhältnis zwischen Gott und den Menschen geschaffen worden? Das Element des Ausruhens von der Arbeit trat bei diesen Überlegungen allerdings weit in den Hintergrund, es wurde durch die regelmäßige Erinnerung an die Auferstehung ersetzt.
Die Tradition eines wöchentlichen – und ganz besonderen – „Sonntags“ ist übrigens älter als das Christentum. Sie reicht bis in die Zeit Babylons zurück, als, wie später bei den Griechen und Römern, ein Tag der Woche speziell der Verehrung der Sonne gewidmet war. Im germanischen Sprachraum blieb dies in der Namensgebung erhalten, nur dass unter der zu feiernden Sonne jetzt Jesus Christus verstanden wurde: das wahre Licht der Menschheit. Die romanischen Sprachen orientierten sich dagegen am Lateinischen, aus dem sie ja auch entstanden waren: Aus „dies dominica“, dem Tag des Herrn, wurde so das italienische domenica, das spanische domingo und das französische dimanche.

Sünde

Die Begriffserklärung könnte aus einem Gesetzbuch kommen, und in der Tat hat eine Sünde ja auch durchaus etwas mit einer Gesetzesübertretung gemeinsam. In nüchternen Worten ausgedrückt, ist sie nämlich nichts anderes als die bewusste Übertretung eines göttlichen Gebotes. Sie ist damit eine Handlung, mit der sich ein Mensch aus eigenem Antrieb und ohne Zwang gegen den Willen Gottes auflehnt. Entsprechend gilt sie in den Kirchen als Beleidigung Gottes und als vorsätzliche Abwendung von seiner Liebe zu den Menschen.

Nach der Bibel gibt es Sünden fast so lange wie es Menschen gibt. Als allererste Sünde wird nämlich die Auflehnung betrachtet, mit dem sich die menschlichen Stammeltern Adam und Eva im Paradies über das göttliche Verbot hinwegsetzten, Früchte vom mitten im Garten Eden stehenden Baum der Erkenntnis zu essen. Dieser Ungehorsam, zu dem die beiden ersten Menschen von einer Schlange verleitet wurden, hatte ihre Vertreibung aus dem Paradies zur Folge. Auf sie geht auch die sogenannte Erb- oder Ursünde zurück, mit der nach kirchlicher Lehre seither alle Menschen auf die Welt kommen.

Ähnlich wie vor einem weltlichen Gerichtshof wiegen auch vor dem himmlischen Richter nicht alle Sünden gleich schwer. So unterscheidet etwa die katholische Kirche zwischen weniger schweren „lässlichen Sünden“, die gewissermaßen nur eine vorübergehende Verstimmung im Verhältnis zu Gott darstellen, und den sogenannten „Todsünden“, unter denen schwere Verfehlungen und Verbrechen zu verstehen sind, die zudem noch freiwillig und im vollen Bewusstsein dessen begangen werden müssen, dass es sich bei ihnen um Sünden handelt. Entsprechend der Schwere dieser Taten haben sie nach katholischem Verständnis die ewige Verbannung in die Hölle zur Folge, wenn ihre Wirkung nicht durch menschliche Reue und göttliche Vergebung wieder aufgehoben wird.

Als die klassischen „Sieben Todsünden“ gelten etwa seit dem 7. Jahrhundert Stolz, Habsucht, Neid, Zorn, Unkeuschheit, Unmäßigkeit und Trägheit oder Überdruss.

Ein Leben ganz ohne Sünde ist nach christlicher Auffassung für Menschen nicht möglich, allein die Gottesmutter Maria bildet hier eine Ausnahme, da die Geburt des christlichen Heilands aus einer sündigen Frau seit jeher für Christen nicht vorstellbar war.

Depressiv muss wegen seines grundsätzlichen Unvermögens zur Sündlosigkeit trotzdem kein Mensch werden. Zwar können Menschen – wie man sich auch nicht selbst „entschuldigen“ kann – sich nicht selbst von ihrer Schuld und Sünde befreien, doch hat nach christlichem Verständnis Jesus Christus durch seine Liebe und seinen Tod am Kreuz alle Menschen erlöst. Überdies dürfen alle Christen immer wieder auf die Gnade ihres Gottes hoffen, der sich seinen Geschöpfen stets aufs Neue barmherzig zuwendet und ihnen bei aufrichtiger Reue ihre Schuld vergibt.

Sünde hat also immer etwas mit einem Verhältnis zwischen Gott und den Menschen zu tun. Wenn man von Verkehrssünden, Sünden gegen den guten Geschmack oder gegen irgendwelche Diätvorschriften einmal absieht, kann es deshalb Sünden nur vor dem Hintergrund von Religion und Glauben geben. Ein Atheist mag zwar einen Mord begehen und damit auch nach allgemeinen menschlichen und deshalb auch für ihn gültigen Maßstäben ein schlimmes und strafwürdiges Verbrechen verüben, gesündigt hat er damit zumindest innerhalb seines eigenen Wertehorizontes jedoch keinesfalls.

Wo kein Gott anerkannt wird, verliert der Begriff der Sünde seine Bedeutung. Mit und ohne Gott gibt es nach menschlichem Ermessen und aller Erfahrung Untaten und Verbrechen, sündigen kann man jedoch nur, wenn man die Existenz Gottes anerkennt.

Sünde besitzt neben ihrer religiösen allerdings immer auch eine zwischenmenschliche Bedeutung; sie wirkt sich als Verfehlung gegen Gott *und* die Menschen im kleinen wie im großen Maßstab direkt auf das soziale Zusammenleben aus. Entsprechend redeten beispielsweise die Befreiungstheologen Mittel- und Südamerikas von „sündigen sozialen Strukturen“, und feministische Theologinnen stellen einen „sündigen Sexismus“

fest, der viele Frauen allein wegen ihres Geschlechtes von wesentlichen Lebenschancen ausschließt.
Gerade in ihrer Bezogenheit auf den Mitmenschen – oder in der Sprache der Bibel: auf den Nächsten – besitzt die Sünde ein gewaltiges gesellschaftliches Gewicht, das den kindlichen Sündenkatalog des „Ich habe genascht“ oder „Ich habe unkeusche Gedanken gehabt“ fast unbedeutend erscheinen lässt. Für Christen kommt es deshalb darauf an, zur Frage der Sünde und des Sündigens ein erwachsenes Verhältnis zu entwickeln. Nicht alles muss Sünde sein, aber vieles könnte sündig sein, von dem wir es im ersten Moment gar nicht gedacht haben.

Taufe

Welche große Bedeutung die Taufe für die christlichen Kirchen hat, zeigt sich besonders plastisch an den eindrucksvollen Taufbecken der großen Dome und Kathedralen: Mit der Taufe fängt im Christentum alles an, ohne Taufe geht gar nichts. Etwas vereinfacht gesagt, natürlich.

Der Taufakt stellt so etwas dar wie ein offizielles Eingangs- oder Initiationsritual dar, das dem Täufling – gleichgültig, ob nun Säugling oder Erwachsener – gewissermaßen die Tür öffnet, hinter der er sich der Gemeinschaft der Christen aller Zeiten und Kontinente anschließen kann. Diese Vorstellung des Eintretens durch eine Tür erklärt auch anschaulich, warum die Taufe nicht wiederholbar ist: Wer einmal drin ist, ist drin. Mehr als zur Gemeinschaft der Gläubigen dazugehören kann man nicht.

Eine Taufe wird deshalb – zumindest bei den großen Kirchen – auch nur ein einziges Mal vollzogen und beim Übertritt in eine andere Konfession oder beim Neueintritt nach einem Kirchenaustritt nicht wiederholt.

Theologisch gesprochen wird in der Taufe die Schwelle überschritten, die zwischen dem Leben des Menschen in der Sünde, also dem alten Adam mit seiner seit dem Paradies mitgeschleppten Erbsünde, und einer neuen Existenz liegt, mit der die Getauften Anteil an der Auferstehung und Herrlichkeit Je-

su Christi haben. Noch eine Spur mystischer und geheimnisvoller ausgedrückt, könnte man auch sagen: Die Getauften werden Teil des universalen Leibes Jesu Christi, des neuen Adam.
Wie der Taufakt normalerweise abläuft, das deutet schon die Bezeichnung an. Das Wort „Taufe“ leitet sich im Deutschen nämlich vom Verb „daupjan“ ab, im Gotischen, aus dem es stammt, bedeutet dieses Wort so viel wie „eintauchen“. Diese Bedeutung trägt auch der im Neuen Testament gebrauchte griechische Ausdruck „baptizein“.
Regelrecht ins Wasser eingetaucht werden die Täuflinge heute in der Regel allerdings nicht mehr; nur ihr Kopf wird mit mehr oder weniger viel Wasser übergossen. Dazu wird in nicht immer vorhandener Übereinstimmung der Konfessionen die sogenannte „trinitarische Taufformel“ gesprochen: „Ich taufe dich im Namen des Vaters, des Sohnes und des Heiligen Geistes.“
Wie von jeder Regel gibt es allerdings auch bei der Taufe Ausnahmen. Manche christliche Freikirchen wie etwa die ausschließlich die Erwachsenentaufe praktizierenden „Baptisten“ taufen nur durch vollständiges Untertauchen in einem entsprechend großen Taufbecken. Sie lehnen zudem die ungefähr seit dem 5. Jahrhundert übliche Säuglingstaufe ab. Christen, die in anderen Kirchen als Babys getauft wurden und die deswegen nicht die Möglichkeit hatten, ihren eigenen Wunsch zur Taufe zu äußern, gelten in ihrer strengen Auslegung als ungetauft. Sie müssen sich nochmals taufen lassen.
Die Taufe – in ökumenischer Eintracht bei Katholiken wie Protestanten ein Sakrament, also ein Heilszeichen – wird normalerweise von einem Geistlichen gespendet. Im Notfall, d. h. zum Beispiel bei akuter Lebensgefahr, kann aber auch jeder andere Christ, ja sogar auch ein Nichtchrist, sofern er nur die richtige „Intention“ hat, gültig taufen.

Unfehlbarkeit

„Basisdemokratie“ ist ein Wort, das der offiziellen katholischen Kirche ungefähr so fremd ist wie „Frauenpriestertum“ oder – in neuerer Zeit – „Ehe für alle“. Mag es auch Pfarrgemeinderäte, Diözesansynoden, große Bischofskonferenzen und sogar weltweite Konzilien geben, zu sagen hat für Katholiken doch letztlich nur einer: ihr Papst in Rom. Er ist das nahezu allmächtige Oberhaupt seiner Kirche, nach einer bestimmten Lesart sogar „Gottes Stellvertreter auf Erden“. Als solcher kann er natürlich keiner irdischen Macht gegenüber rechenschaftspflichtig sein. Das, was er tut oder lässt, hat er als Nachfolger des von Jesus persönlich mit der Kirchenleitung beauftragten Apostels Petrus deshalb allein dem Himmel gegenüber zu verantworten.

Anders als viele meinen, kann sich aber auch ein Papst irren. Das gilt selbst in den meisten Fragen der Theologie. Zwar verkündete das Erste Vatikanische Konzil im Jahr 1870, dass der Papst die sogenannte „Unfehlbarkeit“ für sich in Anspruch nehmen kann, sie gilt jedoch nur in eng umgrenzten Glaubensfragen und allein dann, wenn die päpstlichen Aussagen weder der Bibel noch den Entscheidungen früherer Konzilien widersprechen. Was ein Papst erklärt, hat außerdem nur als unumstößliches neues „Dogma“ zu gelten, wenn diese Lehre von ihm „ex cathedra“, d. h. in aller Form und mit aller Autorität, als endgültig und verbindlich festgestellt wird.

Während etwa die evangelische Kirche nach Luther davon ausgeht, jeder mündige Christ könne in der Bibel nachschlagen, um selbst zu erkennen, was das Christentum ausmache, sieht sich die katholische Kirche eher als eine Art Fremdenführerin durch das unübersichtliche Land des Glaubens. Sie stellt Wegweiser, Gebots- und Verbotstafeln auf, die die Gläubigen leiten und vor theologischen Verirrungen bewahren sollen. Geschichtlich ist das unter anderem dadurch zu erklären, dass sich der Katholizismus um die Mitte des 19. Jahrhunderts, als das Erste Vatikanische Konzil im Jahr 1870 das Unfehlbarkeitsdogma verkündete, in einem Abwehrkampf gegen die Wissenschaft und den politischen Liberalismus sah. Von beiden wollte man sich in Glaubensdingen nicht hereinreden lassen und das Heft der Richtlinienkompetenz in religiösen Fragen nicht aus der Hand geben.

Kirchenintern war die Idee einer Unfehlbarkeit damals übrigens nicht unumstritten. Die Bischöfe debattierten intensiv über den Text, eine Reihe von ihnen verließ sogar Rom, um nicht gegen das eigene Gewissen stimmen zu müssen, und schließlich kam es zu allem Übel auch noch zu einer Kirchenspaltung: Die sogenannten „Altkatholiken" in Deutschland bzw. „Christkatholiken" in der Schweiz machten sich lieber selbstständig, als sich einem Papst vollständig zu unterwerfen.

Oft ist es in den knapp 150 Jahren seit Erklärung der päpstlichen Unfehlbarkeit in Glaubensdingen allerdings noch nicht dazu gekommen, dass ein Papst auf seinem letzten Wort beharrte. Bisher tat dies nur Papst Pius XII., als er 1950 die leibliche Aufnahme Marias zum Dogma und damit quasi in den Rang eines Grundgesetzes des Glaubens erhob. Jeder römisch-katholische Gläubige darf an dieser Himmelfahrt Marias nun nicht mehr zweifeln, wenn er nicht Gefahr laufen will, exkommuniziert, d. h. aus der Kirche ausgeschlossen zu werden.

Eine Lizenz, das Christentum – oder auch nur den Katholizismus – durch absolut neue Glaubenssätze zu verändern, bietet das Unfehlbarkeitsdogma übrigens nicht. Die Konzilsväter schoben hier möglicher Willkür wohlweislich einen Riegel vor, indem sie förmlich festlegten: „Den Nachfolgern des Petrus wurde der Heilige Geist nämlich nicht verheißen, damit sie durch seine Offenbarung eine neue Lehre ans Licht brächten, sondern damit sie mit seinem Bestand die durch die Apostel überlieferte Offenbarung bzw. den Glaubensbestand heilig bewahrten und getreu auslegten."
Irgendwo hat dann doch alles seine Grenze.

Wandlung

Statt „Wandlung“ könnte man auch etwas anspruchsvoller „Transsubstantiation“ sagen, gemeint ist mit beiden Begriffen dasselbe: Nach katholischer Lehre verwandeln sich am zentralen Punkt jeder Messfeier Brot und Wein in den Leib und das Blut Jesu Christi. Dies geschieht, wenn der Priester die Wandlungs- oder Einsetzungsworte spricht, die nach ihrem ältesten biblischen Zeugnis, dem ersten Brief des Apostels Paulus an die Gemeinde von Korinth, für alle christlichen Kirchen denselben Wortlaut haben: „Jesus, der Herr, nahm in der Nacht, in der er ausgeliefert wurde, Brot, sprach das Dankgebet, brach das Brot und sagte: Das ist mein Leib für euch. Tut dies zu meinem Gedächtnis! Ebenso nahm er nach dem Mahl den Kelch und sagte: Dieser Kelch ist der Neue Bund in meinem Blut. Tut dies, sooft ihr daraus trinkt, zu meinem Gedächtnis!“ (1 Korinther 11,23 ff)
Trotz dieser substanziellen Verwandlung behalten Brot und Wein ihre äußere Gestalt. Für Katholiken heißt das, dass sie schlicht glauben und darauf vertrauen müssen, dass der Gottessohn Jesus Christus nun wirklich und wahrhaftig bei ihnen gegenwärtig ist, beweisen können sie diesen Glaubenssatz, die sogenannte „Realpräsenz“, auch nicht mit den fortgeschrittensten naturwissenschaftlichen Gerätschaften und Analysemethoden.

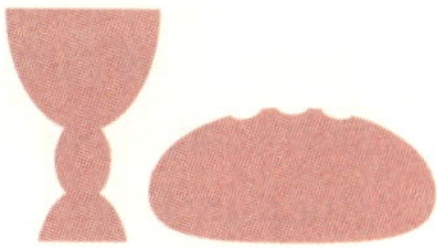

Erhalten bleibt die Anwesenheit Jesu Christi nach der Lehre der katholischen Kirche so lange, wie die „konsekrierte“, d. h. gewandelte Hostie in ihrer Substanz erhalten bleibt. Dies ist auch der Grund dafür, dass diese Hostien besonders aufmerksam behandelt werden und dass ihnen besonderer Schutz zukommt. So werden sie beispielsweise, soweit sie in der Messfeier nicht ausgegeben wurden, innerhalb des Altarraums im Tabernakel, einer Art feuerfestem und diebstahlsicherem Safe, aufbewahrt.

Ökumenisch ist es mit der Transsubstantiation und der Realpräsenz Jesu Christi nach der Wandlung nicht so ganz einfach. Nur für gläubige Katholiken steht unverrückbar fest, dass Gottes Sohn in jeder Messfeier zu ihnen kommt. Orthodoxe sprechen zwar auch vom „kostbaren Leib und kostbaren Blut unseres Herrn Jesu Christi“, mit der Wesensverwandlung durch die gesprochenen Wandlungsworte eines Priesters haben sie allerdings Schwierigkeiten. Lutheraner glauben, dass Brot und Wein in ihrer Substanz bestehen bleiben, Jesus Christus aber gewissermaßen zusätzlich auf übernatürliche Weise präsent ist. Andere Konfessionen haben noch andere Auffassungen und theologische Theorien.

Zum Tisch des Herrn, d. h. zur Kommunion, bitten Katholiken überdies nur Katholiken. Die evangelischen Kirchen ziehen den Kreis der Eingeladenen bewusst weiter, weil sie davon überzeugt sind, dass Einschränkungen in diesem Punkt nicht im Sinne ihres Herrn wären. Einladender an seinen Tisch sei immer noch Jesus Christus selber und nicht die Kirche, die sich deshalb keine Gastgeberrolle anmaßen dürfe.

Auch in Fragen der Abendmahlsfeier gilt also: Wer Einigkeit sucht, sollte nicht unbedingt bei den christlichen Kirchen mit seiner Suche anfangen.

Weihnachten

Das Fest Weihnachten, das in manchen Gegenden auch „Christfest“ genannt wird, ist das erste der sogenannten christlichen Haupt- oder Hochfeste des Kirchenjahres.[9] Es gilt weltweit bei Christen wie Nichtchristen als das wichtigste Fest des Christentums, dies allerdings weniger aus theologischen als vielmehr aus sehr handfesten Gründen: Wohl bei keinem anderen religiösen Fest wechseln auf der Erde so viele Geschenke ihren Besitzer wie gerade zu Weihnachten.

Mit diesem Fest wird die Geburt Jesu gefeiert. Sie sollte für Christen allerdings auch mehr als ausreichenden Grund zum Feiern abgeben, denn der Erlöser der Menschheit kam nach christlichem Verständnis an diesem Tag selbst als Mensch auf die Welt. Wurde doch laut Bibel während einer Winternacht vor rund 2000 Jahren in einer Grotte in der Nähe der jüdischen Kleinstadt Betlehem (s. weiter oben, S. 55 f) ein Kind geboren, das von Milliarden Menschen auf der ganzen Erde seither als ihr Heiland betrachtet wurde und immer noch wird. Sein angenommener Geburtsort, ein als notdürftiger Schutz für Hirten und ihr Vieh dienender Unterstand, liegt heute im Untergeschoß der Geburtskirche, eines Gotteshauses, das um das Jahr 326 in seiner Grundform errichtet wurde und das damit eine der ältesten Kirchen der Welt ist.

Als Jesu irdische Eltern gelten Josef (s. weiter oben, S. 123 ff), ein Zimmermann aus Nazaret, sowie dessen Ehefrau Maria (s. weiter oben, S. 149 ff), wesentlich jünger als ihr Mann und diesem in einer der damals – und in vielen Gebieten auch heute noch – üblichen arrangierten Hochzeit zur Frau gegeben. Eigentlicher Vater Jesu ist für gläubige Christen jedoch Gott selbst, der seinen Sohn allerdings nicht sexuell zeugte, wie das

beispielsweise in der Verbindung griechischer Götter mit irdischen Frauen nicht ungewöhnlich war.
Weihnachten, das als Feiertag nach christlichem Verständnis übrigens erst am 25. Dezember und nicht schon am sogenannten „Heiligen Abend“ begangen wird, ist damit das Fest, an dem gefeiert wird, dass der christliche Gott Mensch wurde. Dieser Akt gilt als Symbol seiner unendlich großen und nie endenden Liebe Gottes zur Menschheit: Gott selbst ließ sich in der Person seines Sohnes auf das Niveau der Menschen herab. Er teilte mit ihnen ihr Leben und ihren Alltag und wollte ihnen so die Hoffnung geben, dass ihre nur zu oft bedrohte und ungerechte Existenz auf dieser Erde nicht alles ist, was einen Menschen ausmacht. Sie geht vielmehr über die sichtbare Welt hinaus und endet deswegen auch nicht mit dem Tod.
Vor allem aus diesem Grund gilt Weihnachten weltweit als das Fest der Liebe und des Friedens, an dem oft – zumindest für einen kurzen Zeitraum – in nationalen wie internationalen Konflikten die Waffen schweigen.
Dass Jesus allerdings tatsächlich in einer Winternacht der Jahres 0 auf die Welt kam, darf auch von überzeugten Christen ohne jedes schlechte Gewissen bezweifelt werden. Nicht nur das Jahr ist strittig, obwohl mit ihm doch immerhin die für die Welt wichtigste Zeitenwende markiert wird, sogar das Datum selbst steht nicht unbedingt fest. Es ist stattdessen zu vermuten, dass der irdische Geburtstag des Gottessohnes am 25. Dezember ein bewusst gesetztes Datum ist, das ohne geschichtlichen Beleg auskommen muss.
In der Bibel wird kein konkretes Geburtsdatum Jesu genannt. Es waren erst die frühen Christen, die ein massives Interesse daran hatten, einen ganz bestimmten Tag als Startpunkt ihrer Religion nennen zu können. Nach zum Teil heftigen innerkirchlichen Kontroversen setzte sich schließlich im vierten Jahrhun-

dert der 25. Dezember durch. Als Termin unmittelbar hinter der Wintersonnenwende bot er einen nicht zu unterschätzenden Vorteil. Voll beeindruckender Symbolik ließ sich mit ihm Jesus Christus als Heiland und Erlöser präsentieren, der einer in Finsternis versunkenen Welt neues Lichtschenkt.
Die vielen anderen, mittlerweile alle Kulturen übergreifenden Symbole des Weihnachtsfestes sind noch weit jüngeren Datums. Adventskranz, Weihnachtsbaum und Weihnachtsmann lassen sich erst im neunzehnten und frühen zwanzigsten Jahrhundert als weltweite Zeichen des Weihnachtsfestes nachweisen.

Wunder

Wunder gibt es immer wieder: Diese Zusicherung von Katja Ebstein dürfte zumindest älteren deutschen Schlagerfreunden vertraut sein, und tatsächlich finden sich Berichte von Wundern beispielsweise ebenso in den Sagen und Erzählungen der griechischen Antike wie im Alten Testament der Bibel. Das kennt zwar keinen unserem deutschen Wort „Wunder“ vergleichbaren Ausdruck, für den menschlichen Verstand unerklärliche Ereignisse kennt es aber sehr wohl. Das fängt bei den ägyptischen Plagen und der Teilung des Roten Meeres an und hört bei den Mauern von Jericho noch lange nicht auf, die durch Posaunenklang zum Einsturz gebracht wurden.
Nach den Berichten des Neuen Testaments vollbringt selbstverständlich auch Jesus viele Taten, die sich mit herkömmlicher Logik und den naturwissenschaftlichen Gesetzen des Weltgetriebes nicht erklären lassen. Vermutlich steht hinter solchen Wundergeschichten die Absicht, mit zahlreichen Demonstrationen übernatürlicher Macht die Autorität Jesu als Gottessohn zu stärken.

Für viele religiöse Menschen kommt durch sie nämlich eindeutig Gott ins Spiel. Sie meinen, in Wundern, die nach ihrer Auffassung auch heute noch geschehen, die göttliche Hand zu erkennen, die unmittelbar in die irdische Wirklichkeit eingreift.

Die Evangelien schildern rund dreißig Wunder, die Jesus zugeschrieben werden. In der Hauptsache geht es bei ihnen um die Heilung von Krankheiten, die Austreibung von Dämonen und sogar um die Auferweckung von den Toten. Wie sehr er die Menschen liebt, beweist Jesus über diesen existenziellen Bereich hinaus aber auch dadurch, dass er mit geringsten Nahrungsmengen gewaltige Ansammlungen von Menschen speist oder dass er denjenigen seiner Jünger, die beim Fischfang erfolglos geblieben waren, die Netze füllt. Er zeigt seine göttliche Macht über die Natur, indem er einen Sturm schlagartig abflauen lässt oder indem nicht nur er über die Wellen des Sees Gennesaret wandelt als wären sie festes Land, sondern indem er auch Petrus dasselbe tun lässt. Interessanterweise geht das jedoch nur so lange gut, wie der Apostel nicht darüber nachdenkt, dass er eigentlich etwas macht, was gänzlich unmöglich ist.

Über diese großen Wundertaten hinaus ist Jesus aber immer auch für eine Überraschung gut. So rettet er beispielsweise mit einer in jeder Hinsicht wunderbaren Verwandlung von Wasser in Wein die Stimmung auf der dadurch zu ewiger Berühmtheit gelangten „Hochzeit zu Kana“, bei der die Gäste sonst auf dem Trockenen gesessen hätten.

Und geradezu witzig und raffiniert handelt er, als er im Fischerort Kafarnaum im Norden Israels von Steuereintreibern beschuldigt wird, jüdische Gesetze zu missachten. Die Funktionäre gehen Jesus allerdings nicht direkt an, sondern sie fragen seinen Jünger Petrus, ob denn sein Herr und Meister pflichtgemäß die für alle

Juden vorgeschriebene Tempelsteuer zahle. Petrus bejaht dies zwar, doch ganz sicher dürfte er sich nicht gewesen sein. Jesus sieht sich jedenfalls genötigt, ihm umgehend eine Lektion in Sachen Steuergerechtigkeit zu erteilen: „‚Was meinst du, Simon? Von wem nehmen die Könige der Erde Zölle oder Steuern? Von ihren eigenen Söhnen oder von ihren Untertanen?‘ ‚Von den Untertanen‘, antwortete Petrus. Jesus sagte: ‚Das heißt also, dass die Söhne nichts zu zahlen brauchen!‘“ (Matthäus 17,25 f)

Von beinah überraschender Milde sucht Jesus trotz dieser schlüssigen Argumentation allerdings nicht den Konflikt. Er gibt zwar nicht klein bei, erteilt Petrus aber dennoch klare Anweisungen zur Streitvermeidung: „Geh an den See und wirf die Angel aus. Nimm den ersten Fisch, den du fängst, und öffne ihm das Maul. Du wirst darin ein Vierfach-Silberstück finden. Nimm es und bezahle damit die Steuer für mich und für dich!“ (Matthäus 17,27)

Schon dieses kleine Beispiel zeigt: Wunder sind für Jesus nie Selbstzweck. Alles andere als ein Taschenspieler des Glaubens, verfolgt er mit ihnen wie mit seinem gesamten öffentlichen Wirken vielmehr stets dasselbe Ziel: Er will die Menschen zu Gott führen und Versöhnung stiften zwischen ihm und den Menschen.

Mit dem Ende des irdischen Wirkens Jesu Christi muss indes keinesfalls gleichzeitig auch das Ende der Wunder auf der Erde gekommen sein. Dies wird so in der Bibel an keiner Stelle behauptet, eher bereitet sie ihre Leserinnen und Leser auf das Gegenteil vor. Nach dem Markusevangelium gab Jesus den von ihm in die Welt entsandten Jüngern das Versprechen mit auf ihren Weg, dass für sie wie für alle von ihnen Bekehrten die Grenzen des Machbaren weit hinausgeschoben würden: „Die Glaubenden aber werden an folgenden Zeichen zu erkennen sein: In meinem Namen werden sie böse Geister austreiben und in unbekannten Sprachen reden. Wenn sie Schlangen anfassen oder Gift trinken, wird ihnen das nicht schaden, und Kranke, denen sie die Hände auflegen, werden gesund." (Markus 16,17 f)

Im Vertrauen auf diese Zusage gibt es für überzeugte Christen auch heute noch keinen Grund, davon auszugehen, dass die Zeit der Wunder endgültig vorbei sei. Für sie ist beispielsweise das, was an spontanen und mit medizinischer Wissenschaft kaum erklärbaren Heilungen in vielen Wallfahrtsorten rund um den Globus immer wieder geschieht, nur als ein direkter Eingriff Gottes in das menschliche Leben und die irdische Geschichte erklärbar.

„Wunder gibt es immer wieder." Das mag in der Tat so sein. Die kritische Auseinandersetzung mit ihnen ist jedoch ein Phänomen der Neuzeit und der Entwicklung der Wissenschaften. Um etwas als „übernatürlich" ansehen zu können, braucht man schließlich erst einmal eine Auffassung davon, was „natürlich" ist, d. h. was den Naturgesetzen entspricht. Wer sie nicht kennt, braucht sich auch über Wunder nicht zu wundern.

Zehn Gebote

Die biblischen Zehn Gebote gehören in Judentum und Christentum gewissermaßen zum Fundament des Glaubens. Und nicht nur das: Unvoreingenommen betrachtet, bewegt das, was Mose als von Gott selbst „mit seinem Finger“ auf steinerne Tafeln geschriebene Lebensregeln vom Berg Sinai herabbrachte (vgl. weiter oben, S. 165), nach wie vor alle Menschen und nicht nur die Angehörigen einzelner Religionen. Die oft auch als ein „ethisches Minimum“ bezeichneten Anweisungen besitzen weit über Judentum und Christentum hinaus eine grundlegende Bedeutung. Auch in anderen Religionen und selbst in Weltanschauungen, denen ein ausdrücklicher Gottesbezug fehlt oder die ihn sogar ablehnen, lassen sich zu ihnen inhaltliche Entsprechungen finden.

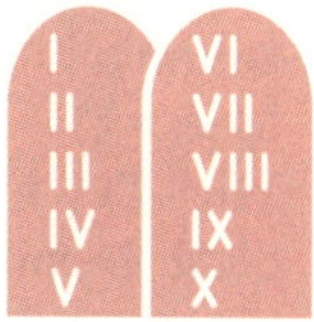

Die Zehn Gebote, die in einer vom Griechischen abgeleiteten Form auch „Dekalog“ (Zehn Worte) genannt werden, tauchen mit ihrer Erwähnung in den Büchern Exodus und Deuteronomium gleich an zwei Stellen des Alten Testaments auf. Sie gelten für Juden wie für Christen als wesentliche sittliche Grundlage eines gläubigen Lebens. Dennoch gibt es Unterschiede in ihrem genauen Wortlaut und in ihrer Zählung. Orthodoxe und reformierte Kirchen zählen beispielsweise etwas anders als Katholiken und Protestanten, was sich nicht zuletzt daraus erklärt, dass es erstaunlicherweise nirgendwo im Alten Testament eine Stelle gibt, die die göttlichen Regeln exakt auf zehn Punkte aufteilt. Die genaue Verteilung der Gebote auf die beiden in der Bibel genannten Steintafeln wird ebenfalls nirgendwo beschrieben.

Doch was besagen die Zehn Gebote denn nun konkret? In der am heutigen Deutsch orientierten Sprache der von katholischen wie evangelischen Theologen erarbeiteten „Gute Nachricht Bibel“ haben sie den folgenden Wortlaut:

„Ich bin der Herr, dein Gott! Ich habe dich aus Ägypten herausgeführt, ich habe dich aus der Sklaverei befreit.

Du sollst keine anderen Götter neben mir haben.

Du sollst dir kein Gottesbild anfertigen. Mach dir überhaupt kein Abbild von irgendetwas im Himmel, auf der Erde oder im Meer.

Wirf dich nicht vor fremden Göttern nieder und diene ihnen nicht. Denn ich, der Herr, dein Gott, bin ein leidenschaftlich liebender Gott und erwarte auch von dir ungeteilte Liebe. Wenn sich jemand von mir abwendet, dann ziehe ich dafür noch seine Nachkommen zur Rechenschaft bis in die dritte und vierte Generation. Wenn mich aber jemand liebt und meine Gebote befolgt, dann erweise ich auch noch seinen Nachkommen Liebe und Treue, und das über Tausende von Generationen hin.

Du sollst den Namen des Herrn, deines Gottes, nicht missbrauchen; denn der Herr wird jeden bestrafen, der das tut.

Halte den Ruhetag in Ehren, den siebten Tag der Woche! Er ist ein heiliger Tag, der dem Herrn gehört. Sechs Tage sollst du arbeiten und alle deine Tätigkeiten verrichten; aber der siebte Tag ist der Ruhetag des Herrn, deines Gottes. An diesem Tag sollst du nicht arbeiten, auch nicht dein Sohn oder deine Tochter, dein Sklave oder deine Sklavin, dein Vieh oder der Fremde, der bei dir lebt. Denn in sechs Tagen hat der Herr Himmel, Er-

de und Meer mit allem, was lebt, geschaffen. Am siebten Tag aber ruhte er. Deshalb hat er den siebten Tag der Woche gesegnet und zu einem heiligen Tag erklärt, der ihm gehört.
Du sollst deinen Vater und deine Mutter ehren. Dann wirst du lange in dem Land leben, das dir der Herr, dein Gott, gibt.
Du sollst nicht morden.
Du sollst nicht die Ehe brechen.
Du sollst nicht stehlen.
Du sollst nichts Unwahres über deinen Mitmenschen sagen.
Du sollst nicht versuchen, etwas an dich zu bringen, das deinem Mitmenschen gehört, weder seine Frau noch seinen Sklaven oder seine Sklavin, sein Rind oder seinen Esel noch irgendetwas anderes, das ihm gehört.“ (Exodus 20,2–17)
Von ihrem Inhalt her lassen sich diese Gebote in zwei unterschiedliche Blöcke aufteilen: Die ersten drei behandeln das Verhältnis zwischen den Menschen und ihrem Gott, die Gebote Vier bis Zehn sind dagegen Anweisungen, die das gesellschaftliche Zusammenleben der Menschen untereinander ordnen und verbessern sollen.
Als gewissermaßen „Göttliches Grundgesetz“ sind die Zehn Gebote keineswegs nur unverbindliche Empfehlungen oder Ratschläge, deren Befolgung in das Gutdünken jedes Einzelnen gestellt ist. Als Formulierung des Willens Gottes, der sich hier nach biblischem Verständnis auf einzigartige Weise direkt und ohne Mittler ausdrückt, sind sie vielmehr als verpflichtende Weisungen zu begreifen, deren Missachtung ernsthafte Konsequenzen nach sich zieht.
Den Zehn Geboten sehr ähnliche Regeln finden sich übrigens in allen großen Religionen der Welt, was den Tübinger Theologen Hans Küng schon um das Jahr 1990 nach einer stärkeren Betonung des gemeinsamen interreligiösen Ethos rufen ließ. Es in den unterschiedlichsten Glaubensrichtungen überhaupt

zu finden, dürfte nicht schwer sein, denn die „Goldene Regel“ aller wesentlichen Religionen klingt überraschend ähnlich.
Für das Christentum fasst Jesus sie in Worte, wie sie in ähnlicher Weise viel später auch der deutsche Philosoph Immanuel Kant gebrauchen sollte: „Behandelt die Menschen so, wie ihr selbst von ihnen behandelt werden wollt – das ist es, was das Gesetz und die Propheten fordern.“ (Matthäus 7,12) Im Judentum formulierte Rabbi Hillel, ein jüdischer Schriftgelehrter, der eine konsequente Gewaltlosigkeit verfocht und etwa zur selben Zeit wie Jesus in Israel lebte: „Tue nicht anderen, was du nicht willst, dass sie dir tun“ (Sabbat 31 a), im Islam lautet einer der Sprüche Muhammads: „Keiner von euch ist ein Gläubiger, solange er nicht seinem Bruder wünscht, was er sich selber wünscht“ (Hadith Nr. 13), und auch der Hinduismus kennt eine ähnliche Regel: „Man sollte sich gegenüber anderen nicht in einer Weise benehmen, die für einen selbst unangenehm ist; das ist das Wesen der Moral.“ (Mahabharata XIII.114.8)
Die Orientierungslinien sind also gezogen. Jetzt müssen die Menschen sich nur noch an sie halten.

Zölibat

Unter dem Zölibat wird in der Regel die dauernde Ehelosigkeit und sexuelle Enthaltsamkeit von Priestern verstanden, was als Zustand, Forderung und Problem vor allem die katholische Kirche betrifft. Auch andere Kirchen verlangen für Teile ihres geistlichen Personals zwar manchmal das Gelübde der Ehelosigkeit, doch besitzt es hier keine allgemeine Verbindlichkeit. In den östlichen orthodoxen Kirchen wird der Zölibat beispielsweise nur von Bischöfen und Mönchen erwartet.
Geschichtlich gesehen steht der Zölibat keineswegs am An-

fang der Kirche. Der erste Papst, wenn man ihn denn so nennen will, war keineswegs ein Junggeselle. Der galiläische Fischer Simon, dem von Jesus selbst die Schlüsselgewalt für seine Kirche übertragen wurde und der von da an Petrus (Fels oder Stein) genannt wurde, war verheiratet, und das konnte seinem Herrn nicht unbekannt geblieben sein: Als eines seiner Wunder hatte er doch dessen Schwiegermutter von einem hohen Fieber geheilt.

Weder verlangte Jesus von seinen Jüngern den generellen Verzicht auf eine Ehe, noch finden sich andere Hinweise darauf, dass das Priestertum zwangsläufig die Ehelosigkeit erfordern könnte. Erst der in sexuellen Fragen ohnehin nicht sehr aufgeschlossene Apostel Paulus formuliert eine Befürchtung, dass eine eigene Ehe und Familie der Sorge um eine Gemeinde abträglich sein könnte: „Der Unverheiratete sorgt sich um die Sache des Herrn; er will dem Herrn gefallen. Der Verheiratete sorgt sich um die Dinge der Welt; er will seiner Frau gefallen.“ (1 Korinther 7,32 f) Selbst er muss jedoch einräumen, dass es keine göttlichen Richtlinien dafür gibt, die festlegten, ein Geistlicher müsse unbedingt keusch und ehelos leben: „Ich habe dafür keine Anweisung des Herrn, doch sage ich euch meine Meinung als einer, den der Herr in seinem Erbarmen als vertrauenswürdig erachtet und in seinen Dienst genommen hat.“ (1 Korinther 7,25)

Vollends zugunsten einer glücklichen Ehe schlägt das Pendel aus, wenn der erste Brief zum Maßstab genommen wird, den Paulus an seinen jungen Gefährten Timotheus schrieb. In ihm stellt er eine Liste der Eigenschaften auf, die der Leiter einer der Gemeinden besitzen sollte, die an vielen Orten neu entstanden. In seinem Text erwartet er keinesfalls Ehelosigkeit von einem Gemeindeleiter oder „episkopos“ (Bischof), wie es auf Griechisch heißt. Der Bewerber um das Amt sollte allerdings „nur einmal verheiratet" sein. Darüber hinaus soll er auch „kein Trinker oder gewalttätiger Mensch" sein und neben dieser Minimalqualifikation hauptsächlich noch einen weiteren Punkt erfüllen: „Er muss die Pflichten eines Familienoberhaupts vorbildlich erfüllen und Kinder haben, die ihn achten und ihm gehorchen. Denn wenn jemand seine eigene Familie nicht zu leiten versteht, wie kann er dann die Sorge für die Gemeinde Gottes übernehmen?" (1 Timotheus 3,4 f)

Wenn er sich nicht eindeutig aus der Bibel herleiten lässt, woher stammt dann aber der Zölibat überhaupt?

Sicher ist, dass er in jedem Fall sehr viel jünger als die Bibel selbst ist. Erstmals verlangt wurde geschlechtliche Enthaltsamkeit von den – damals oft noch verheirateten – Bischöfen, Priestern und Diakonen im Jahr 306 auf der Synode von Elvira, dem heutigen Granada, endgültig durchgesetzt wurde der Zölibat dann allerdings erst viel später unter Papst Innozenz II. auf dem Zweiten Laterankonzil von 1139.

Die Gründe für die damit ausgesprochene Verschärfung der Zugangsvoraussetzungen zur Priesterweihe waren allerdings keineswegs nur jenseitiger Natur. Der Kirche dürfte es ebenso darum gegangen sein, die Vererbung geistlicher Ämter vom Vater auf den Sohn zu verhindern und generell kirchlichen Besitz auch auf Dauer für die Kirche zu sichern. Außerdem wurden Priester als ehelose Männer nun aus der Gesellschaft herausgehoben und – in diesem Punkt hatte Paulus offensichtlich irgendwie Recht – sie mussten ihre Aufmerksamkeit nicht mehr zwischen Familie und Gemeinde teilen.

Dass diese Gründe auch in einer Zeit noch ausreichend gültig sein können, in der die Verpflichtung zum Verzicht auf eine ja nicht nur sexuelle Zweierbeziehung oft zu einem Hindernis für die Wahl des Priesterberufs geworden ist, darf bezweifelt werden. In progressiven Theologenkreisen wird zwar mittlerweile diskutiert, ob nicht auch sogenannte „viri probati“, d. h. als Ehegatten und Familienväter „bewährte Männer“, zu Priestern geweiht werden könnten, doch scheint dies sogar unter einem reformfreudigen Papst wie Franziskus gegenwärtig eher unwahrscheinlich.

Anmerkungen

1 Aus Rücksichtnahme auf Jugendliche oder generell Menschen, die keinen Alkohol vertragen, ist es mittlerweile üblich, zum Abendmahl statt Wein auch Traubensaft anzubieten. Theologisch hat das jedoch keine Bedeutung.

2 Adams Lebenszeit wird von der Bibel mit 930 Jahren angegeben (Exodus 5,3–5). In dieser Zeit wurde er nach seinen ersten beiden Söhnen noch viele Male Vater und sorgte so dafür, dass überhaupt eine Menschheit entstehen konnte. Deren genetische Basis war durch die vorgegebenen Verbindungen im engsten Familienkreis zwar denkbar klein, das dürfte ihn jedoch nicht zuletzt wegen der mangelnden Alternativen nicht gekümmert haben. Über Leben und Lebensalter Evas schweigt sich die Bibel aus; entsprechend der Zeit ihrer Entstehung waren für die Autoren allein die Männer als „Stammhalter“ wichtig.

3 Die Gestalt des Belschazzar ist historisch belegt. Anders als von der Bibel behauptet, war er jedoch niemals König Babylons. In Vertretung seines Vaters Nabonid oder Nabunaid hatte er nur zeitweise die Regentschaft des Reiches inne.

4 Eben noch hatte Nebukadnezzar sich selbstverliebt als gewaltigen Herrscher und Erbauer Babylons gelobt, da traf ihn schon der Zorn des himmlischen Herrn. Von ganz oben donnerte ihn eine Stimme an: „König Nebukadnezzar, hiermit wird dir die Herrschaft genommen! Du wirst aus der Gemeinschaft der Menschen ausgestoßen und musst unter den wilden Tieren leben, du wirst sieben Jahre lang Gras fressen wie ein Rind, bis du erkennst: Allein der höchste Gott ist Herr über alle Menschen und er gibt die Herrschaft, wem er will.“ (Daniel 4,28 f)

5 Der Name bedeutet Speerwerfer.

6 Zweifel an diesen Zahlen sind unter anderem deshalb angebracht, weil nach heutigem Wissen im gesamten Land Kanaan höchstens zwischen fünfzig- und hunderttausend Menschen lebten. Eine Erhöhung dieser Zahl um mehr als das Zehn- oder gar Zwanzigfache hätte eine Bevölkerungsexplosion dargestellt, von der die Archäologie eigentlich Zeugnisse gefunden haben müsste.

7 Ohne ein „d“ im Namen, der nichts mit Gemeinde zu tun hat, sondern eher auf „Unität“, also „Einheit“, abhebt.

8 Jener Herodes war sein Vater.

9 Anders als das „weltliche“ Jahr der westlichen Zivilisationen beginnt ihr eigenes Jahr für die katholische und die Kirchen der Reformation an keinem festen Tag, sondern es fängt jeweils am ersten der vier Adventssonntage an.

Quellen der Abbildungen

Fisch (Umschlag, S. 9, 118) © Hans-Jörg Nisch – stock.adobe.com

Kelch und Brotlaib (Umschlag, S. 15, 28, 62, 231) © Hans-Jörg Nisch – stock.adobe.com

Segnende Hände (Umschlag, S. 18, 211) © Hans-Jörg Nisch – stock.adobe.com

Gesicht im Profil (S. 23) © stock.adobe.com

Alpha und Omega (Umschlag, S. 33, 69, 94) © Hans-Jörg Nisch – stock.adobe.com

Sonne (Umschlag, S. 40, 89, 177) © Hans-Jörg Nisch – stock.adobe.com

Turm (S. 44) © Hein Nouwens – stock.adobe.com

Herz (Umschlag, S. 46, 79, 83, 156) © Hans-Jörg Nisch – stock.adobe.com

Gesetzestafeln (Umschlag, S. 53, 167, 239) © Hans-Jörg Nisch – stock.adobe.com

Stern mit Schweif (Umschlag, S. 55, 105) © Hans-Jörg Nisch – stock.adobe.com

Buch mit Kreuz (Umschlag, S. 57, 200) © Hans-Jörg Nisch – stock.adobe.com

Krummstab (Umschlag, S. 59) © Hans-Jörg Nisch – stock.adobe.com

Löwe (S. 71, 213) © nikiteev – stock.adobe.com

Harfe (S. 174, 196) © Hein Nouwens – stock.adobe.com

Engel (Umschlag, S. 85, 233) © Hans-Jörg Nisch – stock.adobe.com

Schlange (S. 87, 221) © nikiteev – stock.adobe.com

Apfel (S. 93) © kusuriuri – stock.adobe.com

Flammen (S. 97, 109) © NLshop – stock.adobe.com

Kerze (Umschlag, S. 101) © Hans-Jörg Nisch – stock.adobe.com

Säge / Fuchsschwanz (S. 123) © Hein Nouwens – stock.adobe.com

Axt (S. 131) © Hein Nouwens – stock.adobe.com

Kreuz (Umschlag, S. 134, 136) © Hans-Jörg Nisch – stock.adobe.com

Grab (S. 139) © Hein Nouwens – stock.adobe.com

Gespaltenes Haus (S. 141) © Bakai – stock.adobe.com

aufgeschlagenes Buch mit Feder (S. 145) © Hein Nouwens – stock.adobe.com

Taube (Umschlag, S. 149, 190) © Hans-Jörg Nisch – stock.adobe.com

Regenbogen (S. 173) © cammep – stock.adobe.com

Schlüssel (S. 181, 188, 227) © Hein Nouwens – stock.adobe.com

Segelboot (Umschlag, S. 186, 236) © Hans-Jörg Nisch – stock.adobe.com

Eule (S. 207) © nikiteev – stock.adobe.com

Wellen (Umschlag, S. 215, 225) © Hans-Jörg Nisch – stock.adobe.com

Kirche (Umschlag, S. 219, 243) © Hans-Jörg Nisch – stock.adobe.com

Volker Zuber / Günter Kusch

Was uns bewegt

Klappenbroschur
240 Seiten

ISBN 978-3-7666-2548-9

Wie kann ich achtsam im Augenblick leben? Kann Beten heilen? Was steckt hinter Nahtoderfahrungen? Was wissen wir über Himmel, Hölle, Tod und Teufel? Zu diesen und vielen anderen Fragen bietet der Autor gut verständliche, aber tiefgehende und lebendige Denkanstöße. Frei von weltanschaulichen Scheuklappen, trifft das Buch damit genau das, was die Menschen heute auf ihrer Sinnsuche bewegt. Es bildet eine leicht begehbare Brücke zwischen moderner wissenschaftlicher Erkenntnis und persönlicher Glaubensüberzeugung.

Leonardo Boff

Franziskus aus Rom und Franz von Assisi

Ein neuer Frühling für die Kirche – eine Zwischenbilanz

Gebunden
160 Seiten

ISBN 978-3-7666-1969-3

Sein Name ist tatsächlich Programm! Der erste Papst mit dem Namen Franziskus, der erste Papst aus der „Dritten Welt“ hat sehr bald eine neue Vision von Kirche entstehen lassen. Seit dem ersten Erscheinen von Leonardo Boffs Buch ist einiges passiert. Papst Franziskus hat die in ihn gesetzten Hoffnungen nicht enttäuscht. Das „Apostolische Schreiben“ Evangelii Gaudium ließ aufhorchen mit dem inzwischen berühmten Satz: „Diese Wirtschaft tötet!“ Und als der Papst in einem Interview über homosexuell Liebende sagte: „Wer bin ich denn, dass ich mir ein Urteil erlauben könnte“, da wusste die ganze Welt: Diese Kirche strahlt wieder die Menschenfreundlichkeit des Gottes Jesu aus!

Verlag Butzon & Bercker
Hoogeweg 100, 47623 Kevelaer, Deutschland
www.bube.de

Karl-Heinz Fleckenstein

Glaube macht uns stärker

Reportagen

Klappenbroschur
128 Seiten

ISBN 978-3-7666-2482-6

Gemeinsam sucht der Leser mit dem jungen Brasilianer Rafael nach seinem verschollenen Vater. Er sitzt mit dem Mönch Jaques Mourad auf dem Motorrad, wie er in einer abenteuerlichen Fahrt durch die Wüste dem IS-Terror entflieht. Er begleitet den schiffbrüchigen Jose Salvador Avarenga auf seiner 13 Monate langen qualvollen Odyssee … Der rote Faden dieser Geschichten, die das Leben selbst geschrieben hat, ist eine einschneidende Begegnung mit Gott. Auch wenn es nicht immer ein Happy End wie im Film gibt, sind es Geschichten von einer Hoffnung, die unser Begreifen übersteigt.

Leonardo Boff

Herzenssache

Warum uns die Vernunft allein nicht weiterbringt

Klappenbroschur
128 Seiten

ISBN 978-3-7666-2239-6

Unser technisches Können ist schier unglaublich – und doch befindet sich die Menschheit in einer geradezu verzweifelten Krise. Leonardo Boff verweist auf die rettenden Ressourcen unseres Menschseins, auf Achtsamkeit, Sensibilität, ein Gespür für das Heilige … Er schöpft dabei aus reichen Quellen: aus den überraschenden Befunden der Naturwissenschaften, der Biologie und der Tiefenpsychologie, aber auch aus der Poesie, der Weisheit der indigenen Völker und nicht zuletzt aus seiner eigenen reichen Lebenserfahrung.

Verlag Butzon & Bercker
Hoogeweg 100, 47623 Kevelaer, Deutschland
www.bube.de